實戰智慧館 477

和巴菲特同步買進

震盪市場中的穩當投資策略

The New Buffettology

The Proven Techniques for Investing Successfully in Changing Markets That Have Made WARREN BUFFETT the World's Most Famous Investor

By Mary Buffett & David Clark

瑪麗・巴菲特及大衛・克拉克　合著

陳正芬　譯

新版推薦文

在震盪的市場中保持專注

Jenny Wang（JC趨勢財經觀點版主）

華倫・巴菲特（Warren Buffett）是一位偉大的投資者，創造了長期傲人的投資績效，也為價值投資這門學問奠定典範。從一九六五年到二〇一九年，巴菲特的公司，波克夏哈薩威（Berkshire Hathaway）市值成長率平均每年為二〇・三％，優於標準普爾五百指數（Standard & Poor's 500，S&P 500）的一〇％。投資人若在一九六四年持有一股波克夏的股票，至今累積報酬率為二・七萬倍，大幅超過標普五百指數的兩百倍。

為什麼巴菲特可以有如此卓越的紀錄？巴菲特與一般投資人最大的不同，在於多數投資者都是以短期思維、價格的角度來評估一家公司的股票是否值得購買，但是巴菲特是以長期的思維去評估一家公司是否具有商業價值。如果答案是否定的，乾脆連一股都不要買！

但是培養商業思維需要時間與經驗的累積，想要擁有像巴菲特一樣的眼光與遠見，除了大量閱讀之外，在思考的同時，運用財務報表上的數據來佐證你的推論，可以幫助你的投資決策更有效率與更加精準。本書便用了淺顯易懂的方式來講述投資中最艱澀難懂的會計語言，讓讀者即便沒有商科或會計背景，也可以輕鬆了解如何應用財務報表的資訊來印證巴菲特的投資原則。

護城河優勢

巴菲特挑選公司的條件首重「護城河」優勢。只有擁有護城河的公司才有辦法在市場上穩定獲利。投資人先從利潤率與存貨周轉率來了解企業的商業模式，在這些公司中找到表現最好的領導者。

高利潤率的公司通常擁有獨特的競爭優勢來壓制競爭對手，掌握高度的定價權來獲利。蘋果公司（Apple）的手機價格總是比其他品牌的手機貴，或是奢侈品牌蒂芬妮珠寶（Tiffany & Co.）價格比一般的珠寶價格貴上幾倍，但是還是有許多人搶著購買，就是因為這些公司的品牌優勢所致。

而擁有高存貨周轉率的公司，因為公司的產品具有一致性與持續性的需求，即便利潤率偏低，但是還是可以維持獲利成長。美股中的許多生活類股都具有這樣的特性，包括沃爾瑪（Walmart）、寶僑公司（Procter & Gamble Co.）、可口可樂（Coca-Cola）等公司，都是屬於低利潤高周轉的企業，除了營運表現良好，公司也持續配發穩定的股息給股東。

優秀的經理人與資本配置能力

擁有優良商業模式的企業，還需要由優秀的領導者來經營，將賺得的獲利進行高效率的資本配置，為公司創造更多的價值。因此，我們可以再觀察公司的股東權益報酬率與資產報酬率，是否符合巴菲特的標準。不需要過度舉債，能夠運用更少的資本來創造更大報酬的公司，代表經營者的資本配置能力出色，再次認證了公司的護城河優勢。

經營者還必須決定，公司賺得的獲利到底是該留下來繼續投資，或是以股息或回購股票的方式分配給股東。成熟型公司通常具有可預期的營收水準，將獲利以股息的方式將現金返還給股東，股價表現也較為平穩。而成長型公司能夠有效利用留下來的盈餘，雖然不一定配發股息，但再投入的資金能夠創造出更多的成長機會，擴大營收水準。能帶來更多現金流的公司，股價也會跟著水漲船高。

對於保留盈餘的運用，在二〇二〇年最新的巴菲特致股東信中也有相當精闢的見解。巴菲特認為，將保留盈餘投資在具有生產力的資產是波克夏公司的首要任務。一家公司之所以可以穩定向前，甚至讓飛輪持續轉動，開創出新的成長機會，都是因為不沉迷於眼前的成功，而是放眼於更大的未來。

合理的買進價格

關於投資決策，投資人該問自己的最後一個問題是：「現在是買入的好時機嗎？」決定報酬率最關鍵的要素是價格，也就是你買入股票的成本。好公司應該在價格合理時買入，才有辦法長期持有，若是買在昂貴價，則有可能讓你的資產蒙受損失。

如何判定一家公司的價格是否合理，投資人應該從兩個角度去進行估值，第一是從宏觀的角度切入，利率會影響股市的估值，如同二〇〇九年以來的大多頭環境，低利率推升資產價格，帶動股市大漲。反過來說，當景氣過熱、股市高點、利率開始調升時，股票市場的估值則會開始進行回調。

從微觀的角度來切入，公司的股價則是由盈餘來決定。當你買入一家公司的股票，你就擁有這家公司的部分所有權，可以享受公司獲利的一部分，買入的股價愈低，你所獲得的報酬率就愈高。你可以用本益比或者現金流量折現對一家公司進行估值，抑或運用本益比的倒數——盈餘殖利率來與無風險利率進行比較，確認目前的股價是否合理。

讀完本書，讀者將了解一個完整的投資決策包含了許多面向，從基本面開始認識一間公司，了解公司的獲利模式與營運狀況來評估公司未來的發展，最後計算出合理的估值，依循巴菲特的思維進行決策，才有辦法在震盪的市場中保持專注，和巴菲特同步買進！

新版推薦文

為什麼沒有第二個巴菲特？

Mr.Market 市場先生（財經作家）

剛開始學投資時，有段時間我一直在思考一個問題：「為什麼沒有第二個巴菲特？」這問題的答案很多，從時代背景、產業環境，到投資方法、資金規模、資訊落差、投資工具的運用，實際上巴菲特和一般投資人的狀況條件完全不同。

對一般人來說，有許多事情我們無法做到，這也是我們無法像巴菲特一樣的原因，包含：

一、一般人是管理自己的資金，而不是管理他人的資金。

二、一般人難以直接面會企業高管或董事來了解公司狀況，也難以對公司有控制權、更換公司高管。

三、一般人難以使用巴菲特的槓桿，例如買下保險公司後用保險公司浮存金投資。

四、一般人沒有足量的資金收購企業股票，或者用股權換股交易，抑或用企業借貸方式取得可用資金。

愈深入了解後，愈能感受到「成為巴菲特」當然是不可能的。

但是巴菲特有許多特質值得投資人學習，例如思考投資一間企業時，他很可能會把整間公司買下來。這不只是思考方式而已，而是真的有可能把整間公司買下來。他不是從「股票」的角度在看事情，而是從「生意」的角度在評估。

愈深入研究巴菲特則會發現，他實際上不是個投資人，他更像一個生意人，總能從不同的視角帶我們把投資的本質看得更清楚。

巴菲特如何與眾不同？

談到投資，對大多數人來說，最關注的事情就是報酬率。報酬應該要高於債券、不要花大錢買進報酬不佳的企業，選擇報酬率更高的企業。說起來好像很簡單，但投資中最困難的事情在於：對未來做出正確預測。

無論是預測未來的企業盈餘變化、產業趨勢，到預測未來的股價變化，我們能看到的都只有歷史數據而已，而歷史數據無論再漂亮，都不代表未來會一樣。即便是身在其中的企業主，也都很難對自家公司的未來做出準確的預測。

許多人在學習巴菲特的價值投資方法時，往往會想把它簡化成幾個指標來評估，比方股東權益高於多少、本益比低於多少，但這些數據都只是歷史數據，如果未來變數大，這些預測錯誤可能代價巨大。

巴菲特怎麼做呢？

作為一個成功的商人，巴菲特不做預測。或者說，比起報酬率，他把「排除不確定性」優先放在第一位。

他只做自己能力範圍內的事情，包含只選擇自己高度熟悉的產業，其他一律不碰。對於企業，他只評估未來相對容易預測的企業，包含產品服務需求穩定、競爭對手難以取代、業務範圍集中不分散、債務少等等。

在減少不確定性的前提條件下，歷史的數據才相對有參考價值，任何對未來的計算評估也才開始有意義。

堅持原則，也許你得先看起來不怎麼聰明

如今我們對巴菲特的評價大多是正面的，認為他靠著堅守自己的原則，避開許多不必要的危險，不去追逐熱門與流行。

但這種看法其實都是事後論，如果時間倒流，回到當下，你可能會覺得他的決定愚蠢、老古板。例如在二〇〇〇年時，如果手上沒有當時大幅上漲的科技股、網路股，看起來的確是錯過了一個非常巨大的機會。不但報酬率會輸給其他基金經理人，還要忍受投資人的質疑。所謂的聰明或智慧，往往都是許多年後才能下定論。

近十年巴菲特的投資報酬落後標準普爾五百指數，同樣讓許多人對他產生質疑。其中一個原因是許多科技股的上漲他並沒有參與到，另一個原因是他管理的資產規模已經十分巨大。歷史是否又再重演呢？目前巴菲特已經高齡接近九十歲，也許我們不一定有機會看到未來驗證的那一天，但你是否能和他一樣，在某些時候做出和大多數人不同的決定？堅持自己的投資原則，也許你得先看起來不怎麼聰明。

透過這本書，你可以對巴菲特的投資有更多了解

實際上，巴菲特本人並不寫書，我們都只能透過他與股東往來的信件、旁人對他的觀察、記者媒體的採訪，以及相關衍生著作來了解他。

本書整理了許多巴菲特的投資理念，以及歷來的投資標的，裡面有清楚的投資標的清單、產業別、當時買進的情境，以及個案研究，這些資訊過往都是片段地分散在不同資料當中，透過這本書的整理，也許能讓你更加了解這位投資大師。

新版推薦文

一本增加我十年投資功力的書

林修禾（美股達人、BOS巴菲特線上學院培訓師）

二〇一六年時，為了強化投資能力，我曾飛到美國去找瑪麗・巴菲特（Mary Buffett）學習。當時就是這本《與巴菲特同步買進》一書，啟蒙我開始做更深入的研究。

如果想學任何事物，你應該會想要找最厲害的人學習。如果你想要投資累積財富，那一定會想找最強的投資者華倫・巴菲特！只是我們要怎麼直接找巴菲特本人學習？其實有一點難度，但我們很幸運地可以向兩位已跟隨巴菲特很久，且深入研究巴菲特投資哲理的作者學。透過這本書，我發現可以用很簡單、很好理解的方式，去了解看起來很深奧的投資哲學，不會覺得這是一門很難的學問。

我相信透過一個人所說出來的話，會得知他的心理狀態，而我認為長期觀察巴菲特的言行，是我變得更厲害的方法之一。

尤其是看完這本書，會讓你累積財富的功力大增，這種感覺就像是變成巴菲特的「閉門弟子」。主要原因是瑪麗．巴菲特與大衛．克拉克（David Clark）兩位作者，一位在巴菲特家族待過十幾年，一位與巴菲特情誼超過三十年，在他身邊貼身記錄了他的投資思維。

股市並不是一個「數字」遊戲，我們實際上是擁有公司的「所有權」。可以想像你買入一間好企業，這間企業的所有員工，甚至是老闆，都在為你賺錢，並且每一季還發零用錢給你（美股大部分是每三個月配息一次）。例如我持有可口可樂的股票，我會想像路上的可樂販賣機都是我的賺錢機器；若持有迪士尼股票，鋼鐵人的電影、遊樂園的門票收入都與我有關。做一位價值投資者，生活是很快樂的，因為都是自己喜歡的公司，每天在為我打拚。而唯一要做的功課就是：選擇好公司，用合理的價格買入，並長期持有。

這本書解析了巴菲特過去買股票的思維，在大量的股票個案當中，深入淺出地了解為何它是一間好公司，如何評估它是一個好的價位，並且運用長期持有的複利威力來累積財富。也就是說當你投資了一間好公司，你不用花太多時間去照顧它，它自然能帶給你財富。這一點聽起來很容易，的確也是這麼容易。這是一個可能「太聰明」的人無法了解的事，許多人反而喜歡去挑戰市場，去預測市場的高低起伏，但會發現最終都很難打敗市場的平均值。

巴菲特的投資方法是找體質健康的公司，長期持有來增加成功的機會。巴菲特最難模仿的地方，就是他的方法很「簡單」。我認為價值投資是一種生活態度，而巴菲特是把這種「簡單」的投資哲學也應用在生活當中，所以巴菲特生活也很「簡樸」。

價值投資的系統不是只能用在美股，也能運用在全球的股票上，在這個時代，就算英文與數學不好，也能好好投資全世界。我們要知道機會永遠都在，就像書本裡說的，大部分的投資人，都因為看太短線或因為過度恐懼而犯錯，巴菲特就是喜歡大家的悲觀與恐懼，無論是整個市場或是某個行業或公司，別人恐懼的時候，就是巴菲特想要進場的時機。通常一個好的價值投資者，在股價愈跌愈多時，反而是愈來愈開心的，因為我們專注的是公司的「價值」，而非「股價」。

書裡提供的投資案例分析與選股數據，也再次證明巴菲特的方法簡單又實用，市面上有很多專業投資人與股市老師，使用看起來很高招華麗的方法，但經過這五十年的市場驗證，都沒有巴菲特一招價值投資來得穩定有效。套一句李小龍說過的話：「我不害怕練過一萬種踢法的人，但我害怕一種踢法練過一萬次的人。」只要你把巴菲特的價值投資的方法一招練熟，絕對可以邁向富足的人生。

這本書很適合想學會巴菲特價值投資法的新手與老手，一步一步教你巴菲特的投資方法，甚至我會建議多買一本，送給你的孩子、朋友，一起學習更多！

新版推薦文

不僅是我，也該是你的投資導師

股海老牛（《股海老牛專挑抱緊股》作者）

大名鼎鼎的華倫．巴菲特，他不只是一位企業家，更是世界上最有名的投資者，即便你不是投資人，相信你也都聽過他在股市中所創造的驚人紀錄。從巴菲特過去所投資的美國運通（American Express）及富國銀行（Wells Fargo），再到近年所買進的亞馬遜（Amazon）與蘋果，都能看到其如先知般的投資眼界。

而由他所領導的波克夏哈薩威公司，在剛出爐的二〇一九年報中如此詳實記錄其投資歷程，過去五十五年間公司投資的年化報酬率為二〇．三％，相較於同期間標準普爾五百的年化報酬率為一〇％，整整高出十．三個百分點。換個角度來看，若你在一九六五年所投資波克夏的一元現在已達兩萬七千元，的確是投資人難以想像的投資金氏紀錄。巴菲特不吝公開其歷久不衰的投資之道——價值投資，也就是說投資人只要依據價值投資法則來投資，你也能「和巴菲特同步買進」。

掌握並理解價值投資

假如想用一句話來概括價值投資的概念，可以表示為「在內在價值被低估時買進營運優異的公司」。但不少人只看到前半句的敘述，認為低廉的價格就是決定買進的唯一理由，但並非如此；所謂的「價值」代表一家公司的內在價值與其市場上的外在價格相較而得，因此必須聚焦於分析公司的內在價值。如果一家公司的內在價值與其外在價格一樣低落，那麼根本不具備讓巴菲特出手的資格。能夠吸引巴菲特的目光是「優異的業績表現」與「持久競爭優勢」，且股價的表現恰好「反道而行」時，才會引起巴菲特的興趣。

巴菲特喜歡用「城堡與護城河」來比喻「競爭優勢」的概念。假設企業是座城堡，環繞在城堡四周的護城河就是競爭優勢。如果城牆築得夠高，就能無懼新加入者或替代品的威脅，如果護城河挖得夠深，就能在掌握上下游的議價能力。

廣為人知的可口可樂就是具備護城河特質的最佳典範，至今仍是全球銷售量最高的飲料。不少人會戲稱巴菲特因為喜歡喝可口可樂才購入公司股票，事實上，在一九八七年可口可樂與百事可樂的競爭中，巴菲特不僅看上可口可樂的品牌威力和海外銷售趨勢，更在深入進行財報分析後，掌握到未來的高含金量，才做下大量買進的決定。這筆投資也為波克夏帶來豐厚的報酬。

別再錯過最佳買點

在我剛踏入股市時，總對股價有項錯誤的迷思，認為股價會飆漲的是好公司，反之股價下跌的都是爛公司。所以總是在利多消息多時競相買進，利空恐慌時倉皇殺出；但結果事與願違，才剛買進的股票像是被熊抓了一把，股價出現下跌，反倒是賣掉的那些，過一陣子股價卻像牛角般地開始向上挺起。

我們將時光倒回到一九九〇年，此時除了伊拉克進攻科威特，造成國際情勢緊張外，美國也進入經濟衰退期，銀行面臨貸款無法回收的呆帳壓力，面對金融界的不景氣，當時富國銀行為了要強化貸款呆帳的風險承受力，提列了大筆的損失準備金，股價也從高點回落二五%；但巴菲特卻在這個眾人恐懼的時機下搶進了富國銀行一〇%的股份，而當預期的高額損失並未發生時，股價便從低點一舉回升。這筆划算的交易也在後來的三十年中幫巴菲特建立了穩定的現金流。

讓股神成為你的投資導師

時逢武漢肺炎疫情，不僅中國股市成為重災區，在春節結束後開市就一度出現九%暴跌，美國股市更出現超過千點的跌勢，也一併拉高全球股市恐慌指數。面對如此的恐慌，巴菲特告訴我們：「股市的修正和恐慌很容易辨認，且往往是最安全的機會，因為它們並未改變企業的根本獲利能力！」

說起來緣分就是那麼奇妙，在我剛入門學習價值投資時，《和巴菲特同步買進》初版才剛上市，它不只帶著我踏入價值投資的起點，還治癒我「抱不緊」與「賣太早」的壞症頭；也告訴我如何憑藉分析公司的競爭力，估出未來的獲利盈餘。現在我推薦這本《和巴菲特同步買進》給投資者，它能讓你更加迅速地掌握股市心理學，並有條理地看清投資中的重要觀念。歡迎你一起踏入價值投資的領域，相信你也能與我一同安心抱緊，在震盪的市場中穩當投資。

和巴菲特同步買進

震盪市場中的穩當投資策略

目錄

前言
關於巴菲特

在投資史的年鑑中，華倫．巴菲特（Waren Buffett）的大名凌駕眾人之上。他拿著十萬五千美元的本錢投入股市，最後變成三百億美元，成就無人能出其右。巴菲特究竟是何方神聖？又為什麼他對致富這件事如此著迷？

一九二九年的美國股市大崩盤，幾乎使巴菲特父親的投資公司破產，不幸也在這時，巴菲特的母親懷了他。巴菲特就如許多在大蕭條中成長的孩子，家境艱難使他很早就對金錢極度熱衷。巴菲特小時候隨身攜帶一具兌幣機，那也是他最愛的玩具，他對計算複利相當著迷，六歲時做了第一筆生意，用兩毛五分錢買六罐可口可樂，再以每罐五分錢，賣給同在愛荷華州歐克波奇（Okoboji）度假的遊客。他將《一千種賺進一千美元的方法》（*A Thousand Ways to Make $1,000*）背得滾瓜爛熟，也將送報工資大都存了起來，開始做起打彈珠的生意。巴菲特處心積慮地想賺錢，一九三八年他頂著內布拉斯加州的酷暑，步行數哩到賽馬場，花好幾小時在覆滿廢紙鋸屑的地上，尋找被人丟棄的馬票票根，希望找到贏錢的馬票。

巴菲特十一歲初試啼聲，買進三股「花旗服務」（Cities Service），十七歲高中畢業時，他已經有模有樣地積聚六千美元。他三年便讀完大學，而後申請進入哈佛和哥倫比亞大學攻讀企管碩士。結果哈佛沒過、哥大同意。

每個人年輕時都曾經歷攸關未來的關鍵時刻。巴菲特的關鍵時刻在哥大，當時有一門課的授課者，是價值投資的傳奇元老班傑明・葛拉漢（Benjamin Graham），巴菲特與葛拉漢一見面，頓生惺惺相惜的熟悉感。「火花四處紛飛，」同班同學比爾・盧恩（Bill Ruane）回憶當年，「當時就看得出巴菲特絕非等閒之輩」，盧恩後來掌管紅杉基金（Sequoia Fund）。葛拉漢的啟發令巴菲特大開眼界，立刻領悟到有一種賺錢的方法能一償兒時宿願，而葛拉漢正是指引他的明燈。

畢業後，巴菲特試著說服葛拉漢，讓他到葛拉漢在華爾街開設的投資公司擔任初級投資分析師。葛拉漢拒絕了，於是嫻熟價值投資理論的巴菲特，便提出願意做白工的條件。葛拉漢卻說，就算免費工作還是不夠格，不過巴菲特繼續死纏爛打，最後葛拉漢終於心軟而雇用了他。

結果巴菲特一直待在那家公司，直到葛拉漢於一九五六年退休。巴菲特在思鄉情切下回到奧瑪哈（Omaha），他四處奔走籌募資金，想成立一家類似葛拉漢的投資合夥事業。他向每位朋友募款，到投資俱樂部演講，甚至去敲鄰居的門，終於說服八個人讓他放手一搏，大夥共湊了十萬五千美元，就用這筆錢成立「巴菲特合夥事業」（Buffett Partnership）。接下來的十三年間，合夥事業的平均年複利報酬率為三〇％，隨著投資紀錄愈來愈輝煌，他便想籌措更多資金。他時常把合夥組織的報稅單印給潛在投資人，證明他替投資人賺了多少錢。巴菲特將所有財產投入合夥事業，套句他的話，他這是「自作自受」。他將投資人的錢當作自己的錢來處理。

買入波克夏的理由

到了一九六九年，巴菲特發現六〇年代末的大多頭，導致股市嚴重超買，從而造成股價高估。此外他也發現，雖然價值導向的投資技巧使他本人和合夥人獲益良多，但在這種環境下根本無用武之地，認清這一點後，他做了一件相當勁爆的事。巴菲特對合夥人說，股價的高估使他無法保持亮麗成績，既然他不願改採會使他不放心的投資策略，不如將合夥收掉，退回投資人的錢。在清算投資合夥組織時，巴菲特讓投資人選擇收受現金，或是擁有合夥投資的公司股票。

在合夥投資的事業中，有家名叫波克夏哈薩威（Berkshire Hathaway，有時簡稱波克夏）的上市紡織公司。巴菲特合夥公司於一九六七年收購波克夏的多數股權，取得控制權，巴菲特便強制用波克夏的營運資金買下一家保險公司，這也是往後三十年間，他買下眾多保險公司中的第一家。一九六九年，合夥事業清算完畢，巴菲特不動聲色地買下合夥人在波克夏的持股，占公司總股份的二七％，然後繼續在公開市場上收購更多股票，直到他個人掌控這家公司為止。

巴菲特這麼做的原因有二。首先，波克夏收購保險公司，為他提供一筆可靈活運用的「投資浮存金」（investment float），這筆資金就是保險公司的保費收入。第二個原因是稅，當時個人所得稅稅率遠高於營業所得稅，巴菲特以保險公司為投資工具，便能享有較低的營業所得稅率，使資本累積更加容易。保險公司也提供一種方法，讓他避免被課徵「累積盈餘稅」，這種鮮為人知的稅，目的在防止巴菲特這種人利用企業為投資工具，以逃避個人所得稅的高稅率，而保險公司是少數幾個免徵這種稅的行業。

控制了波克夏的投資浮存金，也避開個人所得稅的高稅率，巴菲特擺脫傳統束縛，運用投資知識讓波克夏的資產和他的淨值成長。巴菲特投資績效良好，三十年間波克夏的帳面價值以二三％的年成長率增加，每股帳面價值從十九美元上升至四萬多美元，股票市值也以二九％的平均年成長率攀升，每股市值從十三美元增加到約七萬美元。

巴菲特對波克夏的原始投資金額，從將近七百萬美元增加到三百多億美元，完全是因為他卓越的投資決策，加上懂得善用保險公司作為投資工具。他的成就不僅使他名列世界級富翁，也成為有史以來最偉大的投資者。

總論
從十萬零五千美元到三百億美元

《和巴菲特同步買進》是第一本內容豐富、最新且最深入的入門書，探討巴菲特如何運用「選擇性反向投資策略」，在空頭市場和冷門股中獲利，從而成為全球第二富有的人。本書率先探討這套哲理帶領他進入新方向，使他投資H&R金融服務公司、必治妥施貴寶（Bristol Myers Squibb）、木勒工業（Mueller Industries）、家具品牌國際公司（Furniture Brands International）、賈斯汀工業（Justin Industries）、百勝餐飲集團（Yum Brands）、約翰曼菲爾玻璃公司（Johns Manville）、蕭氏地毯公司（Shaw Industries）、麗詩加邦（Liz Claiborne）、耐吉（Nike）、鄧白氏（Dun & Bradstreet Corp.）、USG建材公司（USG Corp.）、第一數據公司（First Data Corp.）、HRPT產業信託公司（HRPT Properties Trust）等這類成功的企業。

《和巴菲特同步買進》也是第一本解釋巴菲特如何在不利環境和市場消沉時逆勢而上，如何近乎零風險地創造前所未聞的利潤。本書獨家說明巴菲特如何運用選擇性反向投資策略賺進數十億美元，也是唯一將這位大師做投資決策時用到的數學等式呈現於讀者眼前的一本書。本書率先指出，唯有具備巴菲特所謂「持久競爭優勢」的公司，才是他感興趣的投資標的，也首度提出巴菲特出售股票的原因與時機，這個過去其他作者忽略的部分，將在書最後做完整說明。我們詳盡探討在股市狂飆時，巴菲特如何巧妙地將可口可樂一七%的股份出脫且不用繳稅，而且售價竟是可口可樂一九九八年獲利的一百六十七倍！最後的重點是，如今網路提供個別投資人有用處的投資研究工具，本書率先將巴菲特的投資方法與這些工具完全整合。

檢視投資的「質」與「量」

網路發威的時代來臨，理財知識不再是富翁的特權，個別投資人接觸到空前的資訊資源，足以和華爾街的頂尖投資機構匹敵。網際網路占據莫測高深的金融世界，讓資訊變得唾手可得，帶領大家進入一種新的投資民主，將原本的內線消息攤在投資大眾的眼前。如今沒有一個菁英團體能壟斷財務資訊，只要按幾下滑鼠，誰都能擁有整個競技場。

網際網路雖是新興的傳輸媒介，但仍存在資訊的詮釋問題。如何將新發現的資料變成黃金？《和巴菲特同步買進》要教各位學習巴菲特，篩選並運用財務資訊。將書中內容變成你記憶中的軟體程式，我們用它來教你像巴菲特一樣思考和投資。

為了幫助程式發揮作用，我們按部就班地將巴菲特的方法傳授各位。這些步驟讓你從各個角度認清他的投資策略，教大家運用他的策略，為自己創造財富，即使市場不安定也一樣。我們將一一解說巴菲特使用的方法論及計算公式，它們不僅可用來斷定投資標的，也可判斷投資時機。最後我們將說明巴菲特如何決定出脫投資。

只知道巴菲特對哪幾類公司有興趣是不夠的，還要知道如何決定正確股價。如果出價過高，則無論你投資的公司為你賺了再多錢，你的投資報酬將永遠不理想、無法翻身。相反地，用夠低的價格買進對的事業，則賺進的財富，足以讓你在眾人羨慕的眼光中，登上《富比士》（Forbes）雜誌的封面。

巴菲特常把自己視為業務分析師而非證券分析師，因此我們將告訴各位，如何分辨一家企業是卓越或平庸。本書第一部分，側重業務分析中「質」的部分，各位將學會巴菲特如何發現一家公司的長期經濟力量和品質，也將明白他只對某種公司有興趣，只有當股價掉到「正確」低點時收購才划算。我們將告訴各位，巴菲特如何看清一家公司的經濟機制是否健全，當暴風雨來臨，股價一落千丈時，它能否平安渡過難關並嶄露頭角？你會發現巴菲特的本事，就是能夠抓住少數偉大企業的長期經濟價值，察覺股票遭到股市超賣的時機與方式，接著再以划算的價格買下。各位將明白，他如何將知識化為鉅額的財富。

第二部分是「量」。各位將學到巴菲特用哪些數學等式，判斷一家短期業績不振、但長期體質健全的公司是否正以夠低的價格售出，或者用他自己的說法，買進這家公司是否符合「商業利益」。我們會將他的算式以及他詮釋數字的方法教給各位。唯有當價格夠低（判斷方式是預估的投資年複利報酬率），巴菲特才會投資。投資報酬率的預估是由一連串計算而來，我們將為各位說明。我們將告訴各位，網路以外的哪些地方有財務資訊，以及如何運用這些資訊。

我們還收錄幾個案例，包括了巴菲特最近的投資，同時我們也列了一個投資專用表格，供各位按照他的方法練習，這表格讓大家逐一檢討並計算整組特別設計的問題，幫大家領略巴菲特獨特的觀點。

第十六章除了讓讀者了解巴菲特最近的投資案，還收錄三十年來為巴菲特賺進數十億美元的舊投資案。這是張值得仔細閱讀的表。

與華爾街反向操作

曾經讀過《巴菲特原則》（*Buffettology*）的讀者，將發現《和巴菲特同步買進》對巴菲特的投資法提出迥異、但更具啟發性的觀點。

我們收錄《巴菲特原則》中的案例並加以更新，幫各位了解巴菲特過去的分析是否正中目標（過去是，現在還是）。我們也詳細探索網路交易如何促成股票套利（這種遊戲過去只有大戶才玩得起），甚至讓最小額的投資人賺進大把鈔票。《巴菲特原則》將重點放在如何從商業觀點投資，至於《和巴菲特同步買進》則是深入探討巴菲特如何化股市的悲觀短視為轉機，趁勢投資在我們這一代某些偉大的事業，同時相較這些公司的長期經濟價值，他付出的代價是相當划算的。

本書根據巴菲特的文章、演講、訪談與聊天內容而來，雖然我們兩人過去一直和這位投資大師保持聯繫，但他並未參與本書寫作。因此，我們可以視需要從各角度將「選擇性反向投資」呈現給讀者。我們不僅查考巴菲特的官方持股，也察訪傳言中買下的股票，而且我們認為這些投資與他過去一直強調的行事風格吻合。即使是別人忽視的小地方，我們也要各位完整拿去。

各位應該曉得，有關他正式買進股票的買賣日期，都是根據證管會資料的估計。許多人都知道，巴菲特會在幾天內迅速買進數百萬股，並促成原本要好幾個禮拜才能完成的收購計畫。出脫股票時也是如此，因此不可能將正確日期指出來。書中所報的股價都是截至二〇〇二年二月最新的股價，如有例外會另行述明。

為闡述巴菲特的選擇性反向投資，我們認為最好將租稅和通膨的影響略去。《巴菲特原則》探索租稅和通膨對巴菲特投資風格的嚴重衝擊，但若一再重複這些概念不僅累贅，且容易使重點失焦。

各位必須了解，雖然巴菲特的投資法相當易於理解，但其中有很多方法，卻與基本人性本能背道而馳，也違背了華爾街的「智慧」。學會這些方法很容易，但實行起來可能困難重重，因為當大家都在出脫股票時，只有你準備進場承接。領悟巴菲特的選擇性反向投資哲學並付諸實行的人，將會見到源源不絕的財富，而且是會讓你名列世界級富翁。

現在抓起你的計算機，削尖一、兩枝鉛筆，找張白紙，下載巴菲特在股市賺進數以億計的智慧結晶吧！

1 巴菲特「不玩股票」？

進入正題前，你應該知道一件和巴菲特有關的要緊事。巴菲特不「玩」股票，至少不用傳統方式「玩」，他對當前投資趨勢興趣缺缺，而且避開熱門標的。他不畫股價線圖，也不和華爾街時下瘋狂的「順勢投資法」湊熱鬧，以為急漲的股票就是好股票，反之則是壞股票。

這是巴菲特投資哲學最與眾不同之處，他在投資狂潮席捲金融界時作壁上觀，雖然坦承錯過網路革命和生物科技的大金窟，但他仍會狡黠地笑著對你說，華爾街上演的每齣大戲，恐怕他都不會參與其中。話雖如此，他卻單憑投資股市，硬是將本金十萬五千美元，增加到二十一世紀的三百多億美元。

現在要說個天大的祕密：巴菲特並非因玩股票致富，而是玩那些玩股票的個人與機構。投資大眾因悲觀短視所犯下的愚行，卻使巴菲特獲益。你想嘛，多數散戶與金融機構（如共同基金）為了快速獲利玩股票，他們想日進斗金、想躺著賺錢，結果就在短視近利的驅使下，發明一堆投資法和大道理。巴菲特相信，眼光短淺時的舉動，極可能發展成大規模的投資愚行，遇到這種情況時，他會抱著波克夏的數十億美元耐心等待，伺機買進多數散戶和共同基金急欲脫手的好公司，他可以放心大膽地買，因為他知道今日的醜小鴨，將成為明日的天鵝。

利率消息蒙蔽人心

巴菲特在這方面的本事無人能及，因為他領略到極少投資人懂得欣賞的兩個道理。首先，股市中約有九五%的散戶和投資機構，都受到他所謂的「短期激勵」影響，這些投資人對短期刺激敏感反應，無論何時，他們都是聽到利多買進、利空殺出，完全不管公司的長期經濟價值，這是典型的群眾心態，而導致這種心態的根源，則是每天刊在《華爾街日報》上的商業報導，聽起來好像很笨，但這的確就是多數散戶和基金經理人的投資之道。促使他們買進股票的好消息，可能是某頭條新聞宣布即將進行的收購案、季獲利上揚或股價急速竄升。

使投資者出脫股票的壞消息，從產業嚴重不景氣、季盈餘比預估低零點幾元，乃至中東戰爭等皆有可能，別忘了華爾街盛行的順勢投資要投資人在股價下跌時賣出，換言之若股價下跌，許多基金經理人便一窩蜂出脫股票，只因為其他人也都如此。我們之前說過，巴菲特將此視為瘋狂，然而別人的瘋狂卻是他的最佳契機。

巴菲特深知最近上揚的積極股價，在公司利多消息的加持下，往往讓股價創新高，這就是俗稱的「利多現象」，他也發現反之結果相反。跌跌不休的消極股價，會因為公司利空消息落井下石使股價創新低，這當然就是「利空現象」了。

巴菲特發現在這兩種情況下，為公司業務奠定基礎的真實經濟實力往往全盤被漠視，股市的短線心態，以相同粗糙的方式高估或低估一家公司的價值。

巴菲特的第二個成功基礎，在於他了解事業的長期經濟力如何才是適切評價一家公司的基礎，價值被高估的企業終究逃不過向下修正的命運，導致股東財富縮水，今天的熱門股，到頭來往往成為明日黃花，讓股東們偷雞不著蝕把米。網路泡沫化正是「此一時、彼一時」的最佳例證。

一片悲觀中挖寶

巴菲特漸漸領悟到，價值被低估但長期經濟實力雄厚的企業，總有一天會鹹魚翻身，為股東創造財富，今日的股市棄嬰，可能成為明日的閃亮巨星，二〇〇〇年保險業的衰退導致保險股被腰斬，這時汽車保險界巨人全州保險（Allstate），以每股十九美元在市場上交易，當時巴菲特的波克夏公司也跌到每股四萬零八百美元的低價。一年後全州每股接近四十美元，波克夏回升至每股七萬美元，如果投資人趁這波不景氣買進這兩檔股票，短短一年內至少獲利七五%。

巴菲特能創造驚人財富，原因是他天生會洞察股市何時瀰漫短線心態，不多思考便低估績優廠商的價值。

巴菲特深知有時股市對這些公司的利空會過度反應而超賣股票，使股票從長期經濟面的角度變得物超所值（記住：之前說過，多數散戶與共同基金等法人會因利空出脫股票）。這時巴菲特就進場大買，他知道只要假以時日，企業的長期經濟實力會修正不利狀況，使股價回歸更大的獲利空間。

股市因利多而買、利空而賣，巴菲特因利空而買，這也是他為何絕不跟進多頭看好的熱門產業股，包括網路、電腦、生物科技、手機，以及近年以發財夢誘惑投資人的數十種行業。當短暫烏雲遮蔽華爾街的眼睛，以致看不清傑出企業的真實身價時，巴菲特正在低價冷門股中挖寶。

重點是——

巴菲特從不在大多頭市場中投機，他讓給別人去做，自己不玩那種遊戲。他永遠不買雅虎、亞馬遜書店、朗訊科技（Lucent）等股票，或是網路興盛期的任何高科技股。巴菲特的訣竅是避開熱門股，等待短期利空消息壓低某支績優股時大舉買進。巴菲特曾說：「造成低股價的最常見因素是悲觀主義，悲觀有時是普遍的，有時則針對特定公司或產業……我們卻因為悲觀主義對股價的影響而喜歡它。」

巴菲特投資法速記

- 巴菲特對時下熱門股不感興趣。巴菲特發現，包括共同基金在內的絕大部分股市投資人都是短線導向，因利多而買、利空而賣。
- 股市的短線心態有時會以粗糙手法，低估績優企業的長期展望。
- 巴菲特喜歡在利空時進場。
- 巴菲特的本領在能洞悉企業的長期經濟價值，一般人對此則渾然不知。

2 從利空消息中獲利

「你知道華爾街，」巴菲特試著向我重申一個觀念：「那裡的人從不從長計議。」

《個人歷史》（*Personal History*），凱薩琳．葛蘭姆（Katharine Graham）

巴菲特奉行「選擇性的反向投資策略」。所謂「反向投資策略」，是指投資人受股價下跌的激勵而買進，至於反向操作的投資人，則專挑別人不屑一顧的股票，既能確保價位低，且一旦公司命運和股價同時翻紅，可能因而大舉獲利。

巴菲特認為，股價跌落谷底並非決定投資的充分理由，只有當優異的業績表現為公司帶來好處，而股價表現卻恰好相反時，才會引起他的興趣。他發現這些特別的公司股價之所以吸引人，是股市的悲觀短視所造成，「反向操作」是巴菲特的基本投資哲學，條件是公司業務具備他所謂的「持久競爭優勢」，往後本書將更詳細探討這些觀點。巴菲特的哲學，是要投資人違反人類想快速致富的本能，也要求投資人的腦中彷彿裝置了一套軟體，以判斷何謂具備傑出經濟實力的公司，以及股價在何時買進才划算。

「選擇性」反向投資

採取傳統反向投資策略的投資人，買進近來股價表現欠佳且不受一般人青睞的股票，這是從法瑪（Eugene Fama）和法蘭齊（Kenneth French）的股票研究而來，他們發現，若買進過去兩年來股價受壓抑的股票，未來兩年就有可能為投資人賺進高於平均的報酬，但該策略的重點只鎖定在「股價下跌」，不考慮公司的經濟實力。在傳統的反向投資策略下，投資人不分辨哪些公司為競價型事業，哪些公司擁有持久競爭優勢，只要最近股價下跌的股票就買進。

巴菲特採行「選擇性的反向投資策略」，主張只買進具持久競爭優勢的公司股票，而只有當股價遭短視的市場壓抑時，收購整家公司才符合商業利益。這策略有別於傳統反向投資策略，因為它鎖定的公司，不僅擁有持久競爭優勢，且股價令私人企業主動心。

重點是——

想效法巴菲特，必須了解「買什麼」、「何時買」。買什麼？買具有持久競爭優勢的不凡公司。何時買？當股市的悲觀短視將股價摜壓至谷底時。

「悲觀短視」加「利空現象」，為巴菲特創造買進契機，若非股市偶爾的悲觀短視，巴菲特就永遠沒機會以折價買進世界頂尖企業，不可能在二〇〇〇年以每股二十八美元買進八%的H&R金融服務公司，或在一九七四年以每股約六．一四美元，買進一百七十萬股《華盛頓郵報》，使這筆交易成為熱門話題。目前H&R金融服務公司每股市價約六十美元，郵報每股約五百美元，持股一年後，H&R約為他賺進四一%的稅前報酬率，至於買進郵報二十七年後，總稅前報酬約為八．四六八%，相當於每年有一七．八%的稅前複利報酬率，不賴。

巴菲特很早就發現，從網路上交易的當日沖銷客（這種人的注意力短暫如蜉蝣！職業當沖者每天平均要交易四十四次，約每九分鐘就交易一次）到基金經理人（以短期績效迎合短視的大眾），無非只想一步登天。沒錯，許多人口頭強調長期投資的重要，骨子裡卻沉迷於快速致富。

巴菲特發現無論大家多聰明，「獸性」終究控制他們的投資決策。就拿基金經理人來說，只消和他們談幾句，對方就會告訴你，他們正面臨強大壓力，每年盡可能交出最亮麗的成績，原因是投資共同基金的人，只想買進當年度績效頂尖的基金。

想像某位基金經理人告訴行銷團隊，他們的基金績效在全美共同基金排名倒數一〇%，那個行銷團隊會高興的大叫大跳，投入幾百萬美元的廣告費，好讓全世界曉得他們的基金績效殿後嗎？當然不會。比較可能的是，這位吊車尾的基金經理人會失去頭路，由某位前途看俏的年輕人取而代之。

不信？隨便問你認識的人為何選擇某支基金，他們會很樂意告訴你，因為那支基金的表現名列前茅。共同基金的獸性，讓許多聰明人拿數十億美元資金玩短線遊戲，無論基金經理人的個人信念為何，盡力製造短線佳績卻是保住飯碗的方法。

共同基金的短視獸性

幾年前本書兩位作者和一位中年基金經理人共進晚餐，他為某大型西岸銀行的貨幣管理部掌管數百億美元。他帶了一本書來，裡面有兩千多家公司的簡短分析，也是他和分析師同仁遵循的依據，他們將這本書奉為「投資的宇宙」。在他的鼓勵下，我們翻閱這本書，其中有家首都公司（Capital Cities Communications）是巴菲特陸續買進的標的。首都是墨菲（Tom Murphy）經營的廣播電視公司，這位管理鬼才追求利潤的眼光相當敏銳，巴菲特中意這家公司，他曾說如果擱淺在荒島十年，必須傾所有錢財於一個投資案，則非首都莫屬，言語中顯示對這家公司深具信心。

我們的朋友也有一串基金持股名單，讀過這份名單後，我們注意到他並未持有首都，於是我們立刻指出這點，告訴他巴菲特最近一直在買進這檔股票，他說他曉得這是家好公司，但他認為股價在未來半年內不會有太大作為，因此沒有買進。我們告訴他這完全說不通，這檔股票是難得的長期投資標的，且價位相當理想。他告訴我們，他受到強大壓力，必須盡可能拉抬每季績效，一旦季獲利被比下去，客戶會把基金贖回，表示他將失去飯碗、保時捷跑車，還有兒子念哈佛的學費（聽起來真冷酷，不是嗎？）。

即使明知是個理想的投資標的，我們這位基金經理人卻連一股首都公司的股票都不能買，只因他不確定股價在未來半年內是否上漲。這就是共同基金的獸性——迎合短線導向的基金投資人。若不這麼做，鈔票會長腳走掉，跑到短期績效更好的基金那兒去（你想知道的結果如下：首都最後被ABC電視網合併，後又併入娛樂界巨擘迪士尼公司，期間為巴菲特賺進數十億美元。可見好事的確會降臨在有耐心的人身上）。

巴菲特也發現，陷入炒短線的投資者，在聽見持股發生利空消息時，會做出極符合人性的反應：將股票賣掉。

為了在短線中獲利，投資人必須在股價上揚前搶進、股價下跌前殺出，因此取得市面上最新資訊就極其重要，盈餘亮麗則股價上揚，反之則股價下挫，即使所有跡象顯示情況將在一、兩年內改善也不重要，每個人只關心今天發生的事。人們買進本週看好的股票，下週見情況不妙就殺出，這也是共同基金因投資周轉率過高而遭詬病的原因，它們進出各種股票，為的是打敗同業，贏得「年度頂尖基金」。

聞利空即出脫持股的「利空現象」天天都在上演。隨便看哪家電視的晚間商業報導，會發現只要公布某公司的負面新聞，股價便應聲下跌，如果消息真的很糟，股價更跌入萬丈深淵。這就應驗了我們所說的獸性。

利空消息等於股價下跌，也是巴菲特擦亮眼的時候。巴菲特認為股市的短視結合利空現象，無異是天上掉下來的禮物，這種雙重效果不斷為他製造絕佳進場契機，年復一年、日復一日，最後就成了三百億美元。

重點是——

在以短視投資績效掛帥的投資界中，投資人的樂觀與悲觀情緒掌控買賣決策，然而為巴菲特製造買點的，就是短視的悲觀主義。

市場效率對錯參半

從前，有幾位性好冒險的大學教授聚在一起討論，他們主張股市是有效率的，換言之，股票在任何一天的價格，都能正確反映大眾獲得的資訊。教授們還因此推斷，正因股市有效率，便不可能發展一套打敗大盤績效的投資策略；也正因股市有效率，所以隨股市波動的指數型基金便成為獲利最好的投資標的（這類基金買進一籃股票來代表大盤，買進的成本則非關切重點）。

巴菲特發現，由於九五％的投資人都想比別人更快賺到錢，使股市變得非常有效率。他自知在這場短線遊戲中根本不敵那群人，況且股市瀰漫的短視投資心態，讓真正的長線投資策略完全無用武之地，只要看選擇權市場就知道了。短線的選擇權交易最長以半年為期，它是個開發完整的市場，擁有多處交易所，每天股市一開盤，就有上百家公司的上萬個選擇權合約正在簽訂中。而所謂長線選擇權市場至多以兩年為期，它的規模極小，每天交易不到五十口，「兩年」在巴菲特的投資觀點來說仍屬短期。沒有一家交易所承接五到十年的選擇權合約，那種東西根本不存在。

巴菲特有個重大發現：股市從短期觀察極具效率，但長期則大致是無效率的，因此他不得不發展一套投資策略，從短視的股市犯下無效率長期定價失誤中獲利，這就是選擇性反向投資策略的由來。

市場先生如何幫巴菲特致富

當巴菲特的師父葛拉漢教導巴菲特何謂股市的短視時，他叫巴菲特想像自己和一位名叫「市場先生」的合夥人，共同擁有並經營一家績優且安穩的小型事業。

市場先生有個有趣的人格特質，有幾天他只看到事業的光明面，因而使他對世界和事業前景充滿熱情，可是幾天過去，他只看見事業的灰暗面，當然導致他對世界及事業前景過度悲觀。

市場先生還有個怪癖。他每天一大早就試圖將股份賣給你。當他對事業前景相當樂觀時便開高價，心情鬱卒時，他對事業未來過度悲觀，於是就報低價，希望你會笨到接下這家麻煩上身的公司。

還有一件事。市場先生不介意被你輕忽，他風雨無阻，每天都來上班，隨時願意將股份賣給你，價格則完全根據他的心情而定。你可以不理他，或聽聽他這回又開出什麼條件，但無論你做什麼，明天他又會有新報價。

如果你認為某家公司事業頗有展望，因而希望完全擁有股份，那麼你準備何時接受市場先生的條件呢？是趁他興致高昂，獅子大開口時？還是當他悲觀，報給你非常低價時？顯然你會趁市場先生對事業前景悲觀時買進，也唯有如此才能拿到最便宜的價格。

巴菲特說，他至今還會假想自己和市場先生合夥做生意，令他高興的是，他發現市場先生依然目光短淺，他對事業的價值判斷還像個躁鬱症患者般無常。

躍躍欲試嗎？很正常。進入下一章前，我們再透露一個巴菲特的天大祕密。他發現有些公司（不是每一家）具備他所謂的「持久競爭優勢」，它創造的經濟引擎，威力足以將公司股價從利空消息的泥濘中拉出來。

巴菲特發展一套特別標準找出這些企業，當它們被利空消息擊中，以及多數投資人受悲觀短視的扭曲而重創股價時，他立即進場大舉買進，他就是這樣力行選擇性反向投資策略，投資這類公司，讓巴菲特賺進大把鈔票，它們是他成功的聖杯，我們也期待這些公司會是各位未來投資生涯中的最愛。

巴菲特投資法速記

- 巴菲特力行選擇性反向投資策略。
- 巴菲特發現從基金經理人乃至網路當沖者，全都沉溺在短線遊戲中無法自拔，這正是股市的本質。
- 利空現象不斷上演，投資人因利空消息賣股票。
- 具備持久競爭優勢的企業，自身的經濟實力足以讓公司股價從多數利空狀況中脫身。
- 巴菲特的鉅額獲利，全都來自具有持久競爭優勢的公司。

3 如何挑選為你創造財富的「戰駒」？

巴菲特的投資標的具備哪些特性？巴菲特積極投入股市逾半世紀，他發現若想從股市的悲觀短視中獲益，則選取的投資標的不僅要有經濟實力渡過利空消息，還要能由空翻多。

要做到這一點，巴菲特首先要確定投資標的體質健全、擁有優異經濟實力並具備罕見的獲利能力。巴菲特對傳統反向投資者的「從下選起」法不感興趣，他只想趁市場悲觀短視時，以划算價格買進美國某些頂級企業。只有精心挑出一時之選，才能確保股價會隨時間回歸正常，而且持續向上攀升，對巴菲特而言，傑出企業的股票在他買進後急遽增值並不罕見，政府雇員公司（Government Employees Insurance Company，簡稱GEICO，主要業務是經營美國政府員工的私用汽車險，又稱蓋可保險公司）在他買進後價值上揚五一三〇％，《華盛頓郵報》更優，增值八六四八％。當華爾街躲避這些股票時，巴菲特買進並續抱，因為這些不可多得的公司具備強大的經濟實力，只要假以時日便能為他賺進驚人財富。

假設有兩匹賽馬。叫「健康」的那匹馬戰果輝煌，贏過許多獎項，另一匹成績中下的馬叫「弱雞」。兩匹馬都染上流感，一年內不能出賽，於是價值同步縮水，因為牠們都將無法在本季贏得任何獎金。主人打算停損，於是表明出售馬匹的意願，你想投資哪匹馬？是「健康」，還是「弱雞」？

「健康」顯然是首選。首先，你知道「健康」平日就是匹健壯的馬，牠不僅比「弱雞」更可能回復健康，一旦登上跑馬場後，勝算也高出許多（能幫你日進斗金）。即使「弱雞」康復，牠也將「馬如其名」地一次次生病，你的投資報酬也會像「弱雞」的健康狀況般一蹶不振。

巴菲特將企業分為兩類。第一類是「弱雞」，是一群沒有經濟實力的公司，經營他所謂的「競價型產業」，出售大宗物資型的產品與服務。競價型事業產銷一大堆眾多公司都在販賣的產品或服務，業者只能在價格戰爭中爭奪消費者。

第二類事業是「健康」。它們極具經濟實力，造就這一切的則是巴菲特所謂「持久競爭優勢」。有持久競爭優勢的公司，通常銷售有特殊地位的品牌產品或服務，它們恣意為產品或服務定價，營造類似壟斷的態勢。若想得到這種產品或服務，除了向特定公司購買以外別無選擇，此種優勢給予公司提高價格的自由，創造更高利潤。這些公司也最具長期經濟成長潛力，它們鮮少忽上忽下，懂得如何化險為夷，不給短視的股市過度反應的機會。

重點在此。巴菲特認為，若不能辨識這兩種事業型態，便無法趁短視股市犯下定價失誤時獲利。你一定要懂得如何分辨，了解什麼是競價的「弱雞」型大宗物資事業，也要能辨識它的特性，否則可能一不小心抱到地雷。此外，你也要會找出具備持久競爭優勢的「健康」型公司，因為它們將成為你的金雞母。

泰德・威廉斯的贏球祕訣

巴菲特長期學打棒球，也是個棒球迷。在讀過超級打者泰德・威廉斯（Ted Williams）著的《擊球的科學》（*The Science of Hitting*）後，巴菲特以威廉斯為榜樣而獲致偉大成就，他劃分投資打擊區以擊出投資全壘打。

威廉斯在書中解釋，他將打擊區劃分成七十七小格，每格為一顆棒球大小，只有當球進入全壘打的最佳格子時才揮棒。巴菲特說他取法泰德的打擊哲學，將投資劃分為競價型的「弱雞」，以及具持久競爭優勢的「健康」，接著他決定擊出投資全壘打的方法，就是只對健康型公司揮棒，而且是趁它們被悲觀短視的股市超賣時出擊。巴菲特也領悟到他和超級打者威廉斯的不同之處，在於他永不被三振出局，他可以成天站在本壘板，任由一家家平庸的公司飛過。巴菲特等最完美的球投出——一家被超賣的健康公司出現時，才揮出那價值數十億美元的球棒。投資界和棒球界的偉人就是這麼成功的。

接下來我們將更深入探討「大宗物資型」與「具備持久競爭優勢」的公司，讓讀者分清兩者差異。

巴菲特投資法速記

- 巴菲特將所有事業分為兩類：第一類是具持久競爭優勢的「健康」，第二類則是以競價為主，販賣大宗物資型的「弱雞」。
- 具備持久競爭優勢的公司通常生產品牌產品，或在市場中占獨特地位，使它能以壟斷者自居。
- 以競價為主的大宗物資型企業，製造許多公司都在產銷的普通產品或服務。
- 巴菲特相信，若無法分辨這兩類事業，勢將無法從短視股市的定價錯誤中獲利。

4 利潤率和存貨周轉率

現在，我們要花點篇幅解釋公司如何賺錢。巴菲特精通賺錢之道，這也是你在股市挖寶時該了解的課題。

公司有兩種賺錢方式：一是盡可能提高利潤率，二是盡可能提高存貨周轉率，假設你在沙漠開了一個賣檸檬汁的攤子，每杯檸檬汁的製作成本兩美元、售價三美元，售價減成本等於利潤，利潤占售價的比率為利潤率，利潤率愈高愈好。

利潤率＝（售價－成本）／售價

如果每杯檸檬汁賺一美元，必須賣很多杯才能致富，假設你總是保留一杯檸檬汁為存貨，隨時賣給往來沙漠的過客，又假設你一年內賣十杯檸檬汁給十位過客，則檸檬汁存貨共周轉十次，當年度利潤為十美元（每杯獲利一美元乘以十杯）。

若想靠檸檬汁致富，就必須提高利潤率或存貨周轉率，兩者兼顧則更好。假設在這片廣袤無垠的沙漠中，唯獨你在賣檸檬汁，擁有獨門生意的你，每杯檸檬汁可以叫價到一百萬美元，但若真能這麼做，在每杯成本區區兩美元的情況下，只消賣出一杯即可致富。換言之，只要周轉一次存貨，下半輩子就可以吃香喝辣了。以上是存貨周轉率低、利潤率卻高到罕見的狀況。

還有一種靠檸檬汁致富的方法。堅持每杯三美元，也就是每杯賺一美元，但一年賣出一百萬杯。這是個低利潤率、超高存貨周轉率的情況，雖然每杯檸檬汁的利潤很薄，但只要多銷便可積少成多。

但就算有全世界最高的利潤率，如果一杯都賣不出去也是枉然，這就是存貨周轉率低的情況。至於低利潤率加上低存貨周轉率，想發財無異緣木求魚。

有了基本認識後，現在假設你打算從兩個沙漠城鎮中擇一開個賣檸檬汁的攤位。每年有十萬名口渴的旅客會路過第一個城鎮，但那裡已有五十個檸檬汁小販，第二個城鎮每年也有十萬名遊客經過，卻連一個賣檸檬汁的攤位都沒有。

如果將檸檬汁攤位設在第一個城鎮，你將面臨激烈競爭，換言之你無法賣太貴，導致利潤率高不起來，激烈競爭也會讓存貨周轉率維持在低水準，總之獲利情況頗不樂觀，就算想降價刺激買氣，競爭者恐怕也將跟進。面對現實吧，你賣的東西跟大家一樣，表示只能在價格上硬碰硬，但競價對企業來說並非好事，也無法使人致富。這就是競價型事業的典型例子，也是巴菲特無意參與的遊戲。

將攤位設在第二個城鎮就可以獅子大開口，由於你是當地唯一做此生意的人，多賣幾杯檸檬汁便能使存貨周轉率增加。從個別來說，利潤率和存貨周轉率提高都有助於獲利，兩者兼具更能致富，這就是所謂的「地方性壟斷」。

現在假設你在第二個城鎮賣檸檬汁，因為收費昂貴而大發利市，於是決定只用最高級的材料，製作當地最好的檸檬汁，命名為「傑克牌檸檬汁」。沒多久，上千位遊客嘗過傑克牌檸檬汁，對它的味道讚不絕口，他們愛喝得要命，老是要你把檸檬汁賣到第一個城鎮去。正因為有了「傑克」作為品牌，而且顧客又知道你的產品比第一個城鎮賣的所有檸檬汁都好喝，因此你或許可以在第一個城鎮設個檸檬汁攤位，並能維持高利潤率，因為當地顧客再也不想喝以前那種普通檸檬汁，他們都想喝到傑克牌檸檬汁的好口味，或許你在第一個城鎮的存貨周轉率較低，但仍相當有賺頭，這就是巴菲特所說的競爭優勢，也是傑克牌檸檬汁壟斷消費者的原因，想喝傑克牌檸檬汁的人只能跟你買，而這正是品牌的力量，類似的例子還有：H&R金融服務公司的報稅服務、耐吉的跑鞋、可口可樂的軟性飲料、賀喜（Hershey）的巧克力棒、青箭口香糖、麥當勞的漢堡、塔可貝爾（Taco Bell）的塔可、肯德基的炸雞、莎莉（Sara Lee）的乳酪蛋糕，以及必勝客的比薩。

巴菲特想擁有兼具高利潤率與高存貨周轉率的公司，若得不到這種超理想的公司便退而求其次，尋找利潤率低但存貨周轉率極高，或利潤率高但存貨周轉率低的公司，他確信這兩類公司不僅能安然渡過利空狀況，長久下來還會替他賺很多錢。

巴菲特對利潤率與存貨周轉率雙低的公司沒興趣，它們很難從利空翻身，抱得再久也不太可能致富。

記住：獲利愈高愈好、存貨周轉率愈快愈好，若無法兼得，擇其一也行。高獲利搭配低存貨周轉率，正如高存貨周轉率搭配低利潤率一樣可行，但巴菲特絕不把錢投資在低獲利「加上」低存貨周轉率的公司，這種組合到頭來將是一場災難。

停看聽！你不能不知的事——

好啦，現在暫停一下，看你的腦袋裝了什麼。現在你該明白，巴菲特這位反向投資者，只對他選擇名單上的公司有興趣，也就是因股市的短視與利空現象，導致股價下跌的好公司。

你也該了解，巴菲特將企業分為兩類，第一類擁有某種持久的長期競爭優勢，能以壟斷者之姿為產品定價，因而創造較高利潤率或兼有較高的存貨周轉率。第二類是競價型公司，它們只在價格上跟別人硬碰硬，將產品降低到大宗物資的層次，導致利潤率與存貨周轉率雙低。

在這兩類企業中，巴菲特只對具備持久競爭優勢的公司感興趣，因為它們篤定能渡過利空狀況，且長期持有的增值機會最大，他對經營競價型產業的公司敬謝不敏，因為它們最不可能從利空翻身，長期持有也不會增值。

重點是——

關鍵在於分辨「持久競爭優勢」與「競價型」公司的能力，這也是巴菲特的高明之處。一旦發現一家具持久競爭優勢的公司，只要等到短視的股市超賣股票，就可介入這個絕佳的投資標的。

下一章將以相當篇幅教各位分辨這兩種型態的公司，接著告訴各位巴菲特如何決定開始買進。首先探討如何辨別巴菲特想遠離的競價型公司，再說明如何挖掘具持久競爭優勢的公司，後者正是巴菲特投資哲學的核心，也是他在股市中無往不利的法寶。

巴菲特投資法速記

- 巴菲特認為最佳持股標的兼具高利潤率與高存貨周轉率。
- 巴菲特認為次佳的投資標的需具高利潤率，要不就是存貨周轉率高到能彌補利潤率的不足。
- 巴菲特對利潤率和存貨周轉率雙低的投資標的沒興趣。

5 巴菲特不敢碰的事業

巴菲特相信，若想利用股市的悲觀短視獲利，就必須了解什麼投資該碰、什麼不該碰。巴菲特不想碰的，是競價和販賣大宗物資的弱雞型企業，它們欠缺經濟實力，不一定能渡過難關，也沒有真正的長期獲利能力，讓投資人成為超級富翁。

這些公司可說是「先天不足、後天失調」，接二連三的產業困境令管理階層窮於應付，每個問題都有立即致命的危險。

大體而言，這類公司的數量遠高過具有持久競爭優勢的企業，由於它們為數眾多，股價又深受經濟時好時壞波動，於是成為傳統反向投資者的最愛。不過巴菲特發現這類公司欠缺持久競爭優勢，無法保證股價必能由空翻多並持續增值，因此他奉行的選擇性反向投資哲學要他放棄食之無味的競價型企業，哪怕是買進時機好到不行。他認為不管投資者親吻這些青蛙多少次，帶走的除了口臭外，其他什麼也沒有。

為避免抱到競價型企業，首先要知道它是什麼。將投資市場想像成一片森林，你是個自然觀察家，想找出競價型事業這種小生物並加以歸類。你愈了解這些平庸的商業創造物，就愈能輕易辨識並避開它們。

如何辨識競價型的「弱雞」公司

競價型的弱雞公司容易辨識，因為這類企業的消費者，通常以產品或服務的價格決定是否購買，我們每天都會碰到許多這類企業：

- 入口網站
- 網際網路服務提供者（ＩＳＰ）
- 記憶晶片製造商
- 航空公司
- 玉米和米類等食品原料製造者
- 鋼鐵公司
- 天然氣和石油公司
- 伐木業
- 造紙業
- 汽車製造業

這些公司的產品和服務都面臨市場的激烈競爭，因此價格便成為消費者選購產品和服務時的第一考量。

一般人買天然氣是根據價格而非品牌，即使石油公司要大家相信某廠牌較好，但我們都知道其實根本沒差，價格才是一切，同樣的情形也發生在水泥、木材、電腦記憶和處理晶片（雖然英特爾想藉品牌認同來改變這一點）。汽車也是競價型商品，廠商在每個市場區隔中，競相推出配件最多、價格最低的車款，航空公司的削價競爭早已聲名狼藉，票價最低的航空公司吸引最多乘客。

提供網路連線的網際網路服務提供者（ISP），面對如此低廉的進入成本，演變成一堆同業搶同一群顧客的情況。一個人只需要一個ISP，卻有許多公司提供相同服務，價格戰勢不可免，幾年前每月上網費高達一百美元，如今已完全免費！沒錯，像NetZero這類公司真的免費提供服務，像這種競爭者發動免費贈送的產業，誰還想再去蹚渾水？

同樣情況也發生在雅虎和廣域網（AltaVista）等入口網站，兩家公司在早期同樣赫赫有名，但是進入這一行的成本如此低廉，以致目前有數十家公司搶食上網者的搜尋需求。再說一遍，很多公司提供相同服務或產品，只意味著一件事——利潤降低，雅虎的商業模式逼得它先以免費服務爭取用戶，再向廠商收取網路廣告費，雅虎和競價型企業沒兩樣，以盡量充實網頁內容來積極強化商品。問題是，跟大夥做相同的事，對緩和競爭無濟於事，線上服務提供者美國線上對版面內容需求孔急，只好和擁有《時人》（*People*）雜誌與「兔寶寶」的時代華納公司（Time Warner）合併，期待使上網者眼睛一亮。

面對現實吧，隨便用哪家ＩＳＰ上網真的沒差，再說只要把工作做好，一般人對網路搜尋引擎並不那麼挑。

航空業的市場也是這樣，只要能到達目的地，搭任何一家航空公司的飛機從洛杉磯到舊金山都行，就好像通用和福特的卡車大同小異，但若福特便宜很多，一般人大概就會選福特。激烈的價格競爭導致低利潤率，若持有這些公司的股票，致富會比較困難。

在競價企業當中，成本低的比較吃香，因為它們較有定價自主權。成本較低可能使利潤率高於同業，這句話言簡意賅，多數情況下，成本低的生產者須不斷改進製程來確保競爭力，但是這麼一來便要支付額外的資本，結果原本可用來開發新產品或併購新公司的保留盈餘，卻往往遭到侵蝕，從而無法提高公司的基礎價值。

競價隨景氣波動

讓我們看個例子：Ａ公司因改良製程使生產成本降低、利潤率上升，接著Ａ公司降低售價，企圖從Ｂ、Ｃ、Ｄ三家公司手上，奪取較大的市場占有率。Ｂ、Ｃ、Ｄ的生意開始被Ａ搶走，於是效法Ａ從事相同的製程改良，再降價與Ａ一爭長短，這些舉動抵銷了Ａ公司因改良製程所增加的獲利，一場惡性循環就此展開。

理論上，當消費者需求增加時，廠商比較敢提高售價，但若許多店家販賣相同產品或服務，終將陷入「狗咬狗」的局面，互搶對方的生意。接下來你很清楚：業者開始打價格戰，這和巴菲特喜愛的持久競爭優勢公司相去甚遠，後者有能力使需求量與價格同步提高，缺乏競爭者使它們毋須在價格上爭個你死我活。

不過，競價型企業偶爾出現傑作。經濟景氣好時，消費者有錢沒處花，為汽車製造商等生產者賺進大把銀子，為了因應需求上升，業者手持「膨風」的資產負債表擴大營運規模，動輒花費數十億美元增產。

公司的股東見到新「冒」出來的財富當然也想分杯羹，公司便從善如流提高股利，工會對公司的種種作為看在眼裡，於是也想沾光，公司只好照辦。一旦榮景結束（景氣確實有結束的一天），公司陷在過剩產能中，然而每季還是得付出高額股利，加上尾大不掉的高價勞工，說時遲，那時快，原本洋洋灑灑的資產負債表，開始流失為數可觀的現金，通用汽車就在一九九〇至九三年的微幅衰退期間失血九十六億美元；整個汽車製造業碰到嚴重衰退期失血更為嚴重，用來應急的兩百多億美元頓時變成區區小數，沒多久廠商紛紛關門並調降股利，股價應聲下跌。情況真是不忍卒睹。

同樣情節也在電腦記憶晶片產業上演。景氣好時，美光科技（Micron Technology）等晶片製造商日進斗金，一旦需求趨緩，哪怕只是暫時性的，全世界的晶片製造商便一窩蜂開始降價。

也許在某個月，一顆標準的六十四百萬位元動態隨機存取記憶晶片（DRAM）單價高達九美元，半年後由於需求下降和亞洲製造商的傾銷，同樣的晶片只能賣三．五美元。記憶晶片業者在景氣好時順心如意，一旦步調趨緩，當初為滿足熱切需求而多生產的物品，此刻卻成了業者的拖油瓶。晶片供過於求導致售價下跌，於是獲利衰退，股價直直落。

不錯，這類公司有本事賺大錢。電腦記憶體的需求量大時，美光科技等公司確實風光一時，航空公司每逢夏天旅遊旺季時也生意興隆，在高需求時期，無論生產或銷售都獲利可觀，但需求增加往往導致供給增加，一旦需求趨緩，過剩的供給便拖累售價和獲利。

舉債求生的風險

競價型企業完全仰賴管理階層的聰明才智賺錢，如果管理者缺乏遠見，或因胡亂配置資源而浪費公司寶貴資產，公司就可能喪失低生產成本的優勢，不僅讓競爭者趁虛而入，而且造成財務上的傷害。

從投資角度來說，競價型企業對股東價值的未來成長不太有幫助。首先價格戰使公司獲利時高時低，因此不可能隨時有錢擴充事業，或投資在更有「錢途」的新事業上。即使這些公司確實拚老命賺到一些錢，但賺來的資金通常用來提升廠房與設備，或從事研發以免落後給對手，因為只要你原地不動，競爭者馬上把你毀滅，許多這類公司便因此背負沉重的鉅額長期負債。

二〇〇〇年，通用汽車的長期負債約一三六〇億美元，遠高於該公司自一九九〇至二〇〇〇年間的獲利總額（約為三四〇億美元）。

想像若將通用汽車過去十年來賺到的每一塊錢存入銀行，還是無力清償這筆負債。過去十年間，通用的對手福特賺了三七五億美元，長期負債至二〇〇〇年約一六一〇億美元，如果福特保持過去的表現，則必須花三十八年才能還清。聽起來這行不太好混，對吧？想像一旦景氣結束，而公司卻背負如此沉重的長期債務時，你想誰的公司會大量流失現金？所有長期債務瞬間化為短期負擔。

航空公司也半斤八兩。全球最佳航空公司之一的聯合航空（United Airlines），二〇〇〇年的長期負債約五十億美元，過去十年來的淨利共四十億美元，在超高固定成本的情況下，股東篤定無法繼續仰賴任何航空公司致富。

有時競價型事業企圖造成產品區隔，利用廣告對消費者疲勞轟炸，創造品牌的概念，這麼做的目的在使消費者誤以為它們的產品優於同業，在某些情況下，大幅修改產品能讓製造商享受短暫領導地位，問題是無論對大宗產品或服務動什麼手腳，如果消費者只在意價格，贏家只是低成本的生產者，其他人只能奮勇抵抗。

關鍵不在管理者

巴菲特喜歡以柏林頓紡織公司（Burlington Industries）為例，說明上述論點。一九六四年，柏林頓的營業額是十二億美元，股票分割調整後的每股股價約三十美元，在一九六四至八五年間，公司資本支出約三十億（換算成每股一百美元），目的是改善效率以增加獲利能力，該公司的資本支出大都用來降低成本和擴充營運，雖然公司於一九八五年公布營業額為二十八億，但幣值一經通貨膨脹調整後，業績其實是衰退的，這家公司的銷貨與權益報酬也遠不及一九六四年的表現。

柏林頓這家公司一九八五年的每股市價三十四美元，略高於一九六四年的價位。所以經營了二十一年，花掉投資人三十億之後，股價卻只有微幅增值！

其實柏林頓的管理者都是紡織界中的幹才，問題出在產業。公司缺乏經濟實力與過度競爭息息相關，導致紡織業整體產能嚴重過剩。產能嚴重過剩意味著謂削價競爭，於是利潤率降低，股價表現欠佳，股東苦哈哈。

以長期成長為目標的投資人，即使是趁股市反轉或有利空消息時投資柏林頓，依舊是不智之舉，巴菲特會遠離這類公司，因為它缺乏其他公司所能提供的持久競爭優勢。

巴菲特常說，當聲譽卓著的管理者進入一家惡名遠播的公司時，公司名聲依舊文風不動。換句話說，無論事業由誰掌舵，都不可能使一家先天不足的公司出類拔萃。醜小鴨蛻變成美麗天鵝只是童話故事的情節，在商業現實中，無論管理者如何親吻，醜小鴨終究還是醜小鴨。

巴菲特投資法速記

- 巴菲特奉行的選擇性反向投資哲學主張放棄競價型企業，買點多低都一樣。
- 競價型企業欠缺經濟實力以渡過難關。
- 許多競價型企業藉由不斷提升廠房設備來維持競爭力，卻造成沉重的鉅額長期負債。

6 打不倒的投資標的

網路興起，全世界同聲讚揚「新經濟」，當時巴菲特曾批評，投資應將重點放在一家公司的競爭優勢及其持久性，而不是它能使社會產生多大改變，或能使社會成長到何種地步。

有競爭優勢的公司，才能以壟斷者之姿獲利，競爭優勢持久，是指企業面對競爭者攻擊時的承受能力，它決定企業在遙遠未來是否還能維持競爭優勢，並以壟斷者之姿獲利。競爭優勢所創造的獲利能力，讓巴菲特確知公司必能渡過任何難關，將沉淪的股價向上提升。競爭優勢的持久性，確保公司能為他帶來長期財富。

具備競爭優勢的企業有兩種：生產獨特產品，以及提供獨特服務者。只要這兩種競爭優勢持久，巴菲特有興趣以合理價格擁有上述兩種事業。

競爭優勢的持久性，是了解巴菲特選擇性反向投資策略哲學的關鍵。這個基本概念已經讓有志成為巴菲特專家的人困惑多年，所以我們從這兒開始。首先要解釋巴菲特對競爭優勢的觀念，然後將重點放在如何判斷競爭優勢是否持久，接著解釋如何藉由銷售獨特產品或服務創造持久競爭優勢，最後教各位如何辨識這些超級企業，以及到哪裡找到它們。

持久競爭優勢

巴菲特喜歡用「城堡和護城河」的比喻解釋「競爭優勢」的概念。假設企業是座城堡，則環繞在城堡四周的護城河就是競爭優勢，它保護城堡免受其他企業的攻擊。「品牌」是簡單的護城河，想吃墨西哥辣堡就得去塔可貝爾，同樣情況也出現在「吮指回味樂無窮」的肯德基炸雞。想聽取租稅專家意見就去找H&R金融服務公司，下班後想來瓶啤酒，就向百威買。青箭是口香糖的老大，賀喜是美國人最愛的巧克力，可口可樂是美國銷路最好的軟性飲料，菲利普莫里斯（Philip Morris）製造美國最暢銷的萬寶路香菸。想購買這些品牌產品或服務只能找這些特定廠商，同樣情形發生在只有一種報紙的大城鎮中，想登報紙廣告只好乖乖遵守報社收費標準（報社有所謂的地區性壟斷）。無論品牌或地區性壟斷，這些公司的競爭優勢使其產品或服務能賺取如壟斷者般的利潤，競爭優勢給予這些企業更多自由來訂定更高價格，因而提高利潤率，讓股東賺取更多利益，若想與這些企業正面交鋒，無異是跟自己過不去。

不過巴菲特認為，競爭優勢造成的市場獨占是不夠的；若想得到巴菲特青睞，競爭優勢得要持久才行。他所說的持久，是指企業要能保持競爭優勢到未來，且不需以大量資本支出維護。這句話的後半段是關鍵，因為有些公司的確得耗費鉅額資金以確保競爭優勢，它們可不是巴菲特想要的。

巴菲特認為低成本的持久競爭優勢之所以重要，原因有二，首先是企業獲利能力的可預測性，如果一家公司能夠年復一年生產相同產品，存活比較沒有問題，也因此更可能從短期利空事件中復原，讓股價反彈。記住：巴菲特的哲學建立在結果的確定性，對他來說，產品的一致性等同獲利的一致性。第二個原因是，公司更能放手運用既有的競爭優勢，為股東創造更多的獲利與財富，而不單是守成。如果公司必須不斷挹注資金來保有競爭優勢，則股東將難以獲利。

低成本的持久性

想更了解低成本的持久競爭優勢，讓我們觀察賀喜的例子。過去七十年來，這家公司的產品幾乎沒什麼變，就是「巧克力」。你想未來七十年會有大改變嗎？我懷疑。上自祖父、下至兒孫都在吃它（巴菲特小時候極愛甜食，他十三歲離家出走，立刻直奔位於賓州賀喜的賀喜工廠）。

同樣的情況也發生在百勝餐飲集團的塔可貝爾、必勝客和肯德基，它們產銷同樣的產品逾三十年，鄧白氏的穆迪投資人服務（Moody's Investor Services）為投資大眾提供證券資訊長達半世紀。可口可樂這類公司，過去八十年來都在賣同樣產品，你想這些公司會花數十億美元做研發嗎？或是為製造新產品而汰換廠房的機具設備？我也懷疑。巴菲特說，如果一家公司十年來生產相同產品，未來十年極有可能繼續生產下去（注意：我們說的是製造相同產品，或提供相同服務）。

巴菲特認為，關鍵是產品或服務的持久性，有些公司的競爭優勢建立在智慧才能與龐大資本上，但產品在市場的壽命很短，不符合巴菲特所謂的持久性。積體電路的頂尖製造者英特爾公司是最佳例證，只要讀過傑克遜（Tim Jackson）著的《英特爾三十年風雲》（*Inside Intel*），就會發現英特爾是家令人讚嘆的公司，到處是才華洋溢的員工，處在一個非常、非常競爭的產業。你也會了解在英特爾的歷史中，管理階層有時必須以全公司為賭注，以確保能存活下去。英特爾不斷在產品上創新，為的是正面迎擊摩托羅拉和超微（AMD）等公司。然而每一代新產品都要耗費這些公司極高成本，想想英特爾在二〇〇〇年光是研發就耗費三十多億美元，如果不這麼做，不出幾年產品線就完全過時。你想賀喜會花多少錢來研發巧克力以外的新產品？

英特爾仰賴管理階層創新產品的能力以擊敗競爭對手，一旦管理階層稍有閃失，輸家將會是英特爾及其股東。

同樣故事也發生在美林（Merrill Lynch）等大型投資銀行。這些資本主義的台柱，網羅多位美國最出色的人才，但它們的獲利，卻完全倚靠這些人的智慧與人脈，一旦重要人物跳槽，公司的損失可是如假包換的資產，因為股票經紀人和投資銀行家總會設法把顧客一起帶走。想想這就像一家公司的廠房設備「站起來、走出去」！投資銀行就像這樣。這種獨特影響力，使得管理階層在面對頂尖投資銀行家、經紀商和交易員要求年薪數百萬美元時也莫可奈何，若不照單全收，就得巴望著公司的命脈投效敵營，因此管理階層必須用高薪安撫。

品牌優勢不易動搖

巴菲特在投資所羅門兄弟（Salomon Brothers）時發現這種怪異現象，這家投資銀行稍後和旅行家集團（Travelers Group）合併，後又與花旗集團合併。巴菲特持有所羅門期間，該公司因違反聯邦政府對購買公債的規定而和聯邦準備銀行爭論不休，巴菲特趕忙救火，出任該公司董事長。

巴菲特上任後想做的第一件事，是讓幾位重要幹部的數百萬年薪，更適切反映他們的績效表現，然而令巴菲特驚訝的是，這幾位大人物對減薪的反應卻是臨陣脫逃，改投效競爭對手。於是他立刻明白，在所羅門居要角的投資銀行家與交易員，最關心的還是他們自己的荷包，其次才是股東的福利。由此可知，這種公司的競爭優勢與銷售的產品或服務無關，和公司內的菁英分子才有關。

將所羅門和美林的品牌，與塔可貝爾或H&R金融服務公司相比，後兩家公司的員工離職，能帶走它們的競爭優勢嗎？門都沒有。兩家公司各自擁有品牌，如果員工自行創業，必須以新的品牌名稱行銷，不僅困難且所費不貲，大大降低成功的可能性。

再拿百勝餐飲集團的塔可貝爾或H&R金融服務公司，與英特爾這類公司比較。塔可貝爾的業務在於滿足「飢餓」這不斷重複的需求，它每天發生三次，直到世界末日。只要有人肚子餓且沒時間下廚，就會有源源不絕的人光顧塔可貝爾，H&R金融服務公司是全美最大且最知名的報稅公司，只要政府向老百姓徵稅，H&R便會幫大家把複雜到不行的報稅單填妥，該公司販賣相同服務已五十年，它滿足消費者不斷重複的需求，這需求將一直存在，直到政府將所得稅廢止，不過這在短期內不會發生。你想這些公司會被迫像英特爾一樣，全盤更新產品線嗎？不可能的事。如我們所知，塔可餅和租稅均由來已久，它們不變，而滿足重複需求的公司也不變。

但這不表示英特爾這類公司無法創造鉅額財富，只不過它的競爭優勢是建立在公司創造的企業文化上，英特爾建構一個孕育與激發創意的工作環境，它發展的企業文化，本身就具備強大的競爭優勢。根據巴菲特觀點，英特爾的競爭優勢在不斷推陳出新而非產品本身，一旦再也推不出新產品，這家公司立即成為明日黃花。

相反地，如果產品或服務已深植消費者心中，以致永遠毋須做任何改變，這家公司就是巴菲特要的投資標的，因為連白癡都能把公司經營得有聲有色。

重點是——

提到持久競爭優勢時，想想耐久的產品或服務。如果一家公司十年來都在賣相同的產品或服務，極有可能再賣個十年，可預測的產品等於可預測的利潤，於是當短視的市場對利空反應過度，而將這些公司的股價殺得落花流水，巴菲特就知道該大舉進場了。

巴菲特投資法速記

- 巴菲特相信，決定投資的關鍵是一個企業的競爭優勢及其持久性如何，而非企業能使社會產生多大改變，或能使社會成長到何種地步。投資人應將全副精神用來識別公司的競爭優勢及其持久性。
- 具備競爭優勢的企業有兩種：生產獨特產品，以及提供獨特服務者。
- 對巴菲特來說，關鍵在於產品或服務的持久性。
- 有些公司如英特爾，競爭優勢建立在智慧才能與大額資本，然而產品的市場壽命卻很短，這類公司或許有競爭優勢，但卻做不出有持久競爭優勢的產品。

7 學巴菲特躲過股災

了解巴菲特對投資持久性企業的觀念後，現在我們要打個岔，探討他為何不投資網際網路這種劃時代的產業。

巴菲特相信，新產業改造與轉變社會的潛力，令許多投資人對它了不起的未來醉心不已。包含無線電、汽車、航空和生技在內的劃時代產業，賦予投資人寬闊的想像空間，夢想一夕致富。隨著大眾爭相投資，也使股價水漲船高，股價一漲，證實投資人的決策正確無誤，引誘大家進一步加碼。許多人眼見別人賺錢也不甘落後，使股價飆得更兇。整個過程往往持續到股價嚴重偏離經濟現實，但這種情形不可能一直下去，因為經濟現實就像地心引力，一旦泡沫破滅，股價將開始下跌。

光是從一九一九至三九年間，就有三百多家飛機製造商潮起潮落，如今存活的還不到十家。那麼與它們情同手足的航空公司呢？二十年來，一百二十九家航空公司申請破產，其實到一九九二年為止，破產航空公司的損失，遠高於全體航空業者的獲利，二〇〇一年的網路泡沫也同樣悲壯，數百家公司的股價曾站上一百美元俱樂部，現在卻成為股東心中永遠的痛。

巴菲特認為，劃時代產業的問題，出在它們極少建立起任何持久競爭優勢，原因是這些產業從剛萌芽起便存在激烈競爭，激烈競爭必然削減利潤，最後扼殺股價。此外，新產業中的企業，在還未建立持久競爭優勢前，便是從無數次興替中崛起，就定義上來說，它們的產品缺乏持久性，但由於持久性是巴菲特選擇性反向投資哲學的基礎，這些公司自然得不到他的青睞。

缺乏持久性使巴菲特原則上不投資這些新興產業，不過他倒喜歡「假想」自己買下這類事業，他相信如果一家公司不值得以目前股價收購，那麼連一股都不該買。以這種方法檢視未來投資標的確實獨特，且不被多數華爾街人採用。

想了解巴菲特的整套方法，先要知道如何計算公司股票的「市價總值」，或一般俗稱的「市值」。

「市值」是將發行在外的股票數量，乘以公司股票的每股市價，例如甲公司流通在外的股數為一億股，每股市價五十美元，因此甲公司的市值為五十億（一億股乘以五十美元／股），若次日股價跌到每股四十五美元，市值將減為四十五億（一億股乘以四十五美元／股），反之若股價上漲，市值便隨之增加。

巴菲特考慮是否投資甲公司時，他會問自己：如果這家公司的市值五十億美元，而我的戶頭剛好有這麼多錢，我會用它買下整間公司嗎？花五十億買下這家公司的獲利為多少？如果利潤率吸引人便逕行投資。注意他不問這支股票是否上漲，他只問在既定收購價之下，可能獲利是多少。

讓我們從頭開始看個例子。假設你在二〇〇〇年三月十日時，考慮投資雅虎，當時每股市價一七八美元，市值約九百七十億。問題是：如果你有九百七十億，你願意買下雅虎嗎？

在你花掉九百七十億前，最好先看看其他投資機會，再決定是否將錢全部用來投資雅虎。首先你發現將九百七十億投資美國公債，會獲得七％的報酬，換言之每年約可賺得利息六十七億。不錯吧。和雅虎在二〇〇〇年時的獲利七千零八十萬美元相比，公債獲利似乎更吸引人。

假設你是網路的忠實信徒，認為雅虎的未來不可限量，儘管巴菲特不反駁你，但若你買下它，就得放棄每年六十七億的利息收入，得到的卻是雅虎的年獲利七千零八十萬。你會辯稱雅虎的「錢途」看好，巴菲特對此也不表異議，但未來每年你將放棄六十七億利息收入。幾年下來積少成多（具體說明，可口可樂二〇〇〇年的獲利約二十一億，通用汽車獲利約四十四億，想賺到六十七億美元得拚命才行）。隨便一個張三李四，都看得出收購雅虎不是把九百七十億用掉的最聰明方法，既然如此，巴菲特認為結論自然是連一股都不要買。

將我們原本打算投資的雅虎，和巴菲特喜愛的保險巨人全州保險公司相比，當保險業一片蕭條之際，據傳巴菲特以每股約十八美元持續買進全州保險。全州保險流通在外的總股數為七億四千九百萬股，市值一百三十四億。該公司每年獲利約二十二億，換言之若以一百三十四億買下整間公司，你將賺取二十二億，相當一六．四%的年報酬率。比起花九百七十億收購雅虎，卻只賺到七千零八十萬，年報酬率還不到一%哩！事實上，投資全州保險比美國公債更好賺。

新興產業風險高

現實世界中，除了巴菲特和少數金融鉅子外，幾乎沒有人會把九百七十億孤注一擲在一家公司，我們這些小蝦米頂多只買得起些微股份，可是記住，巴菲特相信若不值得買下整間公司，就連一股都不該買，他也相信若值得買下整間公司，就該卯起來拚命買。

現在假設在二〇〇〇年三月十日投資雅虎五萬美元，同一天巴菲特也以每股十八美元投資全州保險五萬美元。到了二〇〇一年四月，雅虎從每股一七八美元跌到十五美元，讓我們損失約九一%，五萬美元的投資一下子變成四二一五美元。股價下跌是因為投資人不耐煩等待六十七億的獲利來臨。記住：殘酷的經濟現實能將股價殺得一文不值，如果獲利始終出不來，投資人只好說再見。

但巴菲特投資的全州保險從每股十八美元漲到四十美元，報酬率一二二%，將五萬美元的投資增值到約十一萬一千餘美元，巴菲特充分掌握全州保險的狀況，因為他不是買進一座空中樓閣，而是以合乎商業利益的價位買進真實的獲利（有趣的是，全州保險的股價之所以便宜，是因為別人都忙著追逐獲利快的網路股，投資人的錢便從舊經濟飛往新經濟。他們不想持有老掉牙的保險公司，全州保險的股價下跌，為巴菲特創造傳聞中的買點）。

巴菲特不投資革命性產業的原因是缺乏持久競爭優勢，考慮這些企業的經濟現實，如此天價完全不合商業利益。無論外表多誘人，如果不該買下整間事業，就連一股都不該買。

巴菲特投資法速記

● 巴菲特不投入新興產業，是因為沒有持久競爭優勢的軌跡可循。

● 巴菲特在考慮是否投資某公司時，他問自己：如果這家公司的市值是五十億，而我的戶頭剛好有這麼多錢，用它買下整間公司是明智之舉嗎？

● 巴菲特喜歡玩個小遊戲，他會假裝想買下整間企業。他相信如果不值得用市價買下整間企業，就連一股都不該買。

8 利率和股價

現在得來解釋一下利率變動對股價的影響。

巴菲特相信所有投資報酬終將彼此競爭，例如股票獲利，會和債券收益一較高下。巴菲特深知企業的價值端視獲利能力，他也明白有時股價會超越公司獲利，有時落後，但無論如何，企業的價值只會等於投資人持股期間的獲利，一毛不多、一毛不少。

企業的獲利與其他投資標的的報酬，決定這家企業的售價，假設某公司每年稅前獲利都是十萬美元，你會願意花多少錢買下它？你得貨比三家，這時利率開始發揮影響。假設評等AAA的公司債年利率一〇％，表示你得花一百萬買債券，才能每年都賺到十萬（一百萬乘上一〇％）。

假設這家售價一百五十萬的公司每年獲利十萬，則報酬率為六·七％，若花一百五十萬買進年利率一〇％的債券，每年將賺十五萬，既然債券收益顯然較高，何苦花一百五十萬買一家企業呢？你當然不會。你會去買債券，除非當公司的售價不到一百萬才比較吸引人，如果售價高於一百萬，買債券會比較好。在這種情況下，年利率一〇％的債券，將對那家公司的售價產生向下修正的壓力。

現在將債券利率降成五%。如果花一百五十萬買進利率五%的債券，每年只賺七萬五千美元，還不及用一百五十萬買一家公司，每年賺十萬。因此，利率下降對這家公司的售價將產生向上修正的壓力。

升降息代表的投資信號

同樣故事發生在聯準會升降息時。利率下降，企業價值上升進而帶動股價上揚，反之則使股價下跌，這是種環環相扣的交互作用：利率下降、股價上漲；利率上升、股價下跌，有時自然均衡遭到破壞而導致失序，於是市場必須仰賴聯準會調整利率，然後股價才做出調整，特別在泡沫經濟時期，投資人前仆後繼加入順勢投資，對獲利不再關心，碰到這種狀況時，過熱的經濟必須冷卻，讓股市做價格調整，而且往往是大幅調整。

聯準會不在意股價漲跌，只關心經濟是否在健全的財政政策下成長，經濟過熱會演變成有害的通貨膨脹，於是聯準會便調高利率以收冷卻之效，正如它在一九九九年所做的一樣。如果國家經濟陷入蕭條，聯準會則調降利率使經濟復甦，就像它在二〇〇一年採取的行動。利率機制所以可行，是因為企業和個人是借錢購買的緣故，降息意味著貨幣成本降低，使投資標的與融資更具吸引力，進而使經濟更活絡；升息代表投資標的與融資成本提高，導致經濟活動遲緩。把它想成貸款購屋或買車，利率調降時，是否較可能買棟新房子或一輛新車？當然。以較低成本買房子或車子，使交易更具吸引力。

在我們看來，投資人只需記得一件事：聯準會調降利率使經濟加溫，於是企業價值上揚，帶動股價上漲；調升利率使經濟遲緩，企業價值下降，連累股價下跌。股市和經濟永遠隨聯準會升降息的調子起舞。

巴菲特投資法速記

●利率上升使企業獲利對投資人的價值降低，進而使股價下跌。
●利率下降使企業獲利對投資人的價值增加，進而使股價上漲。

9 解開多空循環之謎

根據巴菲特的選擇性反向投資策略，多方（buy side）包含兩部分，一是找出具持久競爭優勢的公司，這部分我們已經探討過，二是找出買進時機。

巴菲特的買點完全由價格決定。一家確定有持久競爭優勢的公司，不代表他願意不計代價地買進，每股六十美元的H&R金融服務公司不是買點，但若每股三十美元就會是難得的好交易，巴菲特的成功關鍵之一，在能找出獲利最大的買點，他只在符合商業利益時買進。

商業利益投資法是一種定價哲學，與選擇性反向投資糾結在一起，主張唯有當股價低於或等於某價位時才買進。本書第二部分將告訴各位，如何分辨股價是否符合商業利益。

巴菲特發現，市場、產業和企業的狀況有其特定的重複模式，為具備持久競爭優勢的公司創造絕佳價位，注意此處的關鍵在「重複」，重複性使這些情況可資辨識，它們大致可以歸類為多空循環、產業蕭條、個別不幸事件、結構改變及戰爭。了解不同情況，就知道何時、到哪裡尋找進場機會。本章先探討多空循環，其他則留待下章。

在許多方面，「多空循環」讓巴菲特獨創的選擇性反向投資法有發揮餘地，我們先從空頭開始，接著進行到空翻多，從各個市場區塊逐一找出買點。

空頭市場

當真正的空頭降臨時，股價哀鴻遍野，也為巴菲特選擇性反向投資策略提供最佳買點。空頭是最罕見的進場機會，但也最容易被認出，因為媒體會向世人宣布「我們」正在空頭中，一旦形成共識，金融界會變得過度悲觀，於是嚴加管制放款，換言之銀行緊縮銀根。

空頭多半是多頭的延伸，多頭將股價推升到天價，也就是一般俗稱的泡沫，一九二〇年代的多頭延長為一九二九年的泡沫，泡沫一破便帶來三〇年代早期的空頭。一九六〇年代的多頭讓股價狂飆到二〇年代後未曾出現的高點，直到一九七三年泡沫才幻滅，隨即是七三至七四年的空頭。九〇年代的多頭於九九年形成泡沫、二〇〇〇年破滅，而後是二〇〇一年的空頭。

六〇年代的多頭期間，巴菲特早在七三至七四年股市崩盤的前三年，便以接近市場高點將股票全數出脫，到了九〇年代的多頭時期，他於一九九九年賣掉鉅額持股部位，接著二〇〇〇年股市崩盤，二〇〇一年空頭來臨。當巴菲特趁七三至七四年的空頭買進時，他自比性好漁色之徒，一覺醒來忽見身旁美女如雲，他大量建立數種股票的部位，包括《華盛頓郵報》、美國廣播公司、《騎士報》（*Knight-Ridder Newspapers*）和奧美廣告（Ogilvy & Mather）。

在二〇〇〇年至二〇〇二年的空頭期間，波克夏投資百勝餐飲集團和H＆R金融服務公司。巴菲特認為祕訣在於：別人貪心時，自己小心；別人小心時，自己貪心，他趁空頭買進，多頭時則以豐碩利潤，證明在空頭時的投資是正確的。

巴菲特能預見災難逼近，因為他不僅徹底了解多空循環，也明白多空循環如何成為選擇性反向投資人的進出場時機。

重點是——

空頭期間可以發掘到一些理想的買進標的，具持久競爭優勢的公司，股價遠不及長期價值，這時的投資選擇甚多，所以要精挑細選。

由空翻多

歷經經濟蕭條與空頭釀成的股災後，此刻開始醞釀多頭來臨。在空頭期間，以個位數或十倍出頭的本益比買進可口可樂、英特爾和奇異並不稀奇（相較多頭時期，同樣公司的本益比動輒高於三十倍）。二〇〇一年，聯邦準備銀行一再降息以刺激經濟，使得股市益發誘人，空頭將股價壓低，為選擇性反向投資製造許多機會，也帶動「傳統反向投資策略」與「價值導向投資法」恢復流行，遵循這些策略的基金經理人重新操盤，取代那些在股價崩跌時陣亡的順勢投資者，這群新上任的基金經理人以「價值」決定投資，他們經常以低於帳面價值買進，巴菲特稱這種投資法是「用五毛買一塊」，在利空之下，股價因為經濟和股市疲弱而跌跌不休，但公司健壯如昔、獲利絲毫不受影響、持久競爭優勢依舊扎實，為股東創造豐厚的財富，正因為短視的股市超賣這些股票，才給予巴菲特可趁之機。

聯邦準備銀行降息刺激經濟，於是企業獲利的價值提高，帶動股價上揚，多頭於焉開始。投資人眼見股票上漲於是紛紛進場，市場熱度再次升高，吸引更多投資人介入，股價上升證實價值導向的基金經理人決策無誤，於是基金公司便大肆宣傳，以吸納更多投資人的錢，投資人見到亮麗結果（通常績效成長在二〇%至三〇%之間），紛紛從低利率的貨幣市場撤資，轉進共同基金。然而，在金融市場中動見觀瞻的順勢投資者和基金經理人，卻在此刻重出江湖，開始揮出幾記全壘打來。

股市修正和恐慌性賣壓

來到十月，股市進入修正或恐慌性賣壓，一九二九年的大崩盤就發生在十月，於是投資人開始緊張，他們出脫持股，靜待情況好轉。歷年發生在九月和十月間的股市修正，次數多到不勝枚舉，偶爾這種修正會演變成恐慌性賣壓，一九八七年十月的崩盤就是如此。一般人因為確信一九二九年的股市崩潰即將重演，於是一窩蜂拋售手中持股，企圖逃過一劫。

重點是——巴菲特深知在多頭尚未泡沫化時，修正與恐慌瞬間即逝，此時也是絕佳的買進時機。

股市修正和恐慌很容易辨認，且往往是最安全的投資機會，因為它們並未改變企業的根本獲利能力，除非公司和投資業務有某種關聯，因股市低迷而使成交量萎縮，導致經紀商與投資銀行虧損，不然多數企業的基礎經濟力仍維持不變。在股市修正與恐慌時期，股價跌落和個別公司的基礎經濟力無關。

此時和空頭市場同為最單純的投資狀況，因為從公司本身或經濟力而言，都沒有真正問題需要克服，公司獲利絲毫不減，只是投資人自己嚇自己，唯有當企業獲利減少，才具備空頭市場的條件。

重點是——巴菲特在一九八七年崩盤時首度買進可口可樂，當別人驚惶失措時，他卻像個極度渴求價值的人，縱身躍進恐懼的深淵，開始買進這檔股票。

市場修正或恐慌不僅讓股價全面下挫，還使得最近公布獲利衰退等利空消息的公司雪上加霜。記住：市場恐慌會擴大利空對股價的衝擊，巴菲特相信選擇性反向投資的完美買點，是當一家公司同時遭受股市恐慌與利空的雙重打擊時。

具備持久競爭優勢的公司在經歷市場修正與恐慌後，股價通常會在一年內反彈，如果投資人曾以絕佳價位買進績優股，一旦股價反彈，往往能在相對較短時間內獲取暴利。

不過，有一種市場修正與恐慌，是投資人必須小心的：它發生在股價形成泡沫後的市場至高點上。

多頭市場的至高點

多頭可能持續多年，其間偶有微幅修正與恐慌性賣壓，但股價仍逐步上揚，這是因為經濟沒有出問題，股價也沒有高到嚇嚇叫，因此隨時都有復原的機會。這麼想吧，股票的最低點是企業的內在價值，當採行順勢投資的基金經理人決定把某種股票倒光，超賣使股價低於內在價值，這時價值導向的基金經理人會逢低承接，誘使順勢投資人回籠。這些人想一夜致富，然而錢來得快、去得也快，沒有人會是順勢遊戲的常勝軍。

空頭時期個位數的本益比，到了多頭便開始攀升，從十幾到二十幾，然後三十、四十、五十。在這大規模的重新評價過程中，一些價值導向的基金經理人開始改變評價標準，改採相對價值，主張當個股本益比低於市場平均時，表示股價便宜，價值導向的經理人繼續操盤，由於盤勢看漲，他們選的股票也通常被證實為正確，然而當股票本益比開始上升到五十倍甚至更高時，有件詭異的事情發生了：投資大眾宣稱獲利不再重要，改採總營業額與收入為評價依據，結果企業即使不賺錢，股價照漲。這種現象發生在一九二〇年代末、六〇年代末以及九〇年代末。

在空頭以及多頭的初期與中期，投資銀行起初以「淨利」為上市股票定價，而後卻也人云亦云，以總營業額與收入評估企業價值，不再採用獲利。一九九八至九九年，當多頭攀上高峰時，投資銀行家以總營業額與收入的二十倍，為首次公開上市的股票定價，這正是創投業者在九〇年代末變得極其富有的原因，他們援助那些空有營收卻沒有獲利的新公司，再設法讓公司上市，股市以總營業額與收入的二十倍評定股價，讓創投家立即致富。想想看：這段期間，即使網景（Netscape）從未賺過一毛錢，但創辦人之一的克拉克（Jim Clark）卻因出脫持股而賺進十億美元。

重點是——

當股市分析師和媒體專家宣稱實際獲利評價不再重要時，表示多頭已進入尾聲，泡沫將開始破滅。

這時多數基金經理人被迫加入順勢競賽，號稱年收益超過七〇%的基金比比皆是，採取價值法的基金經理人則連邊都碰不到。他們若不採順勢投資法，就會被那些奉行順勢投資策略的經理人將自己的客戶搶走。

重點是——

當報紙刊出價值導向的基金經理人，因不敵順勢投資的基金經理人而掛冠求去時，表示泡沫即將被戳破。

一九九九年，正當多頭邁向高峰時，美林的價值導向頂尖選股專家克勞（Charles Clough），發現他再也無法根據理性主張買進股票，因為股價已被嚴重高估。在投資人不計代價想進入股市之際，頭腦清醒的他卻看空股市，儘管如此，美林的股票經紀人卻因為賣股票給想要短期致富的投資人而大發利市，他們認為克勞已經偏離投資人想聽到的話：買進、買進、再買進。克勞不改變說詞來迎合美林經紀人和瘋狂群眾的需求，他堅守原則、辭去工作。如今回顧他的看空，還真是神準得讓人訝異。

巴菲特了解，當克勞這類價值導向投資人退出比賽，象徵多頭開始泡沫化，也表示退場時機來臨。此外，這意味著最佳買點近在咫尺，最好備妥一大筆錢，好好把握這次機會。如果你在克勞辭職時將股票出脫，一旦股市崩盤，你將手握鉅額現金，這正是建立持股部位的好時機。忽略上述信號將輸到一文不名，更錯失二〇〇〇年到二〇〇二年空頭時出現的絕佳股價。「現金」是空頭的王，巴菲特手上就有一張價值二百八十億美元的王牌。

多頭市場中，隨著愈來愈多人受輕鬆致富的引誘加入戰局，導致股市日益熱絡，大規模的投機活動將股價全面推升，也讓一般民眾感到富有與繁榮。感覺富裕時，手頭也跟著闊綽，他們花錢不眨眼，使經濟愈來愈熱，熱絡的經濟等於通貨膨脹，提醒聯邦準備銀行調高利率，當利率調得夠高時，終將泡沫戳破，但這不會在一夜之間發生，起初市場不把升息當回事，因為順勢投資人不關心企業獲利，也不在乎利率變動。

當利率開始攀升，某些順勢投資人會拋售冷門股，轉進較熱門的股票，導致前者股價崩跌。這種情況發生在一九九九年，當時一味追逐高科技股的基金經理人，趁保險業不景氣時出脫保險股，將全州和波克夏兩家保險巨人的股價從多頭高點腰斬，短視的順勢投資人將這些新興冷門股棄若敝屣，導致股價被打入瘋狂低點。別忘了在這階段，價值導向的基金經理人早已退場，意味著除了巴菲特和少數選擇性反向投資者外，沒有人在這些股票的買點浮現時留下來投資。在此同時，熱門股（如一九九九年的高科技股）的股價被進一步哄抬，因為順勢遊戲的參加者必須跟著活動走。當你發現市場意見分歧時，應該警覺到熱門產業的泡沫即將破滅，若還一味追逐熱門股，買進即將被修正或恐慌出脫的股票，可能引起一場股災。

見到市場多空意見紛歧時，應該開始留意被順勢投資人摒除在外的股票，這些股票廉價到不理性，一度買進它們的價值導向基金經理人則早已不知去向。巴菲特知道當賣方人數遠高過買方時，表示股價可能已經碰到某個誘人的低點。

泡沫破滅後

升息、由「獲利多少」改成「收入多少」來評價股票、價值導向的基金經理人被迫下台，以及某些產業灰頭土臉，某些卻銳不可擋的兩極狀況，終將引發迫在眉睫的災難，手上有熱門產業股的人應該賣股求現，到冷門產業中挖寶。泡沫被戳破傷害熱門股股價，同時冷門股立即鹹魚翻身，因為資金從價值被高估的熱門產業，轉到被低估的冷門產業之故，一旦被低估的產業開始微幅增溫，順勢投資人立刻跳入，將股價哄抬得更高，冷門股的股價在幾個月內加倍，以往的當紅炸子雞成為股市棄嬰，這種情形司空見慣。泡沫破滅後，重拾選擇性反向投資策略，挑幾家有持久競爭優勢的企業，再趁機買進股價受壓抑的公司，才會是符合商業利益的作法。

凡是具持久競爭優勢的公司，終究能熬過多頭的修正或恐慌，可是注意了：在泡沫破滅期間，那些本益比從高於四十倍降到個位數的公司，可能得花好幾年來復原。首都與菲利普莫里斯兩家公司，經過七三至七四年的崩盤後，直到一九七七年才重回七二年的多頭高點，可口可樂的每股股價則是到一九八五年，才重回七二年的二十五美元天價，假如你學巴菲特趁崩盤買進，不多時便能賺大錢。要小心的是：競價型公司可能永遠回不到多頭高點，如果在泡沫時期買進，恐將蒙受真實的永久損失。

泡沫破滅後將發生幾件事。首先，國家陷入蕭條，裁員和獲利衰退比比皆是。聯準會積極降息，然而降息要等一、兩年後才能再度點燃經濟，它的立即影響則是提高汽車與房屋買氣，投資人在經濟復甦的期待聲中再度跳進股市，但這次他們專挑奇異和惠普等賺錢公司，不再追逐曾經炙手可熱的泡沫股。不過此處還暗藏一個玄機：一旦降息無法振興經濟，國家將陷入蕭條，這時股價才真的會跌入谷底，三〇年代早期就是這種情形，繼之而起的崩盤，讓一九二九年頓時黯淡無光，這時經濟陷入重大蕭條，股市也在「半買半送」的狀態，這是巴菲特夢寐以求的機會，世上其他人則為之膽寒。巴菲特是個選擇性反向投資者，手握充沛現金，放眼未來。

> 提醒——巴菲特不因為他對市場的判斷而買進賣出，價格才是他的動機，他只在股價符合商業利益時才投資。這也是本書第二部分的主題。

巴菲特投資法速記

- 多空循環為選擇性反向投資人提供不少買點。
- 這些買點最重要的是提供機會，讓投資人買進有持久競爭優勢的公司，它們除了股價下跌外，其他一點問題也沒有。
- 短視股市瀰漫的群眾心態，為你和巴菲特製造買點。

10 將別人錯過的買點找出來

本章討論的買點包括：產業蕭條、單一的不幸事件、企業結構改變與戰爭。

巴菲特經常在產業蕭條時買進極優的公司，這時產業營收全面挫敗，影響程度則依個別公司情況而異。不景氣可能導致嚴重虧損，也可能只微幅降低每股盈餘，復原期一般需一到四年不等，雖然時間很長，卻是理想的進場時機，產業蕭條甚至可能糟到使企業破產。別被低廉的股價給騙了；你要的是在不景氣之前很賺錢，而且資本結構健全的領導廠商。

一九九〇年，股市令人捉摸不定的怪異行徑，讓首都／美國廣播公司成了犧牲者，不景氣導致廣告收入減少，於是首都宣布一九九〇年的淨利與一九八九年大致相同，由於首都的每股盈餘向來有二七％的年成長率，因此消息一出令股市為之抓狂，半年內該公司每股股價從六十三．三落到三十八美元。

換言之，首都因為預測今年的情況和前一年差不多，導致股價下跌四〇％。一九九五年，首都和迪士尼公司同意合併，股市重新評估首都的每股股價為一百二十五美元。如果在一九九〇年以三十八美元買進，一九九五年以一百二十五美元賣出，稅前的年複利報酬率將約為二六%，每股獲利八十七美元。

一九九〇年，巴菲特在金融界的不景氣之下投資富國銀行（Wells Fargo），也替他帶來豐碩報酬。記住：產業全面蕭條時，人人都是受害者，也正是汰弱擇強的最佳時機。富國銀行在當時西岸的貨幣中心銀行（存放款對象為政府、企業與同業，而非一般消費大眾）中，是最保守、經營最完善、財力雄厚的重要銀行。

一九九〇和九一年，富國銀行為反映全國房地產不景氣和房貸呆帳的增加，提列了十三億多美元作為未來貸款損失準備，也就是在每股五十五美元淨值中提撥約二十五美元。當一家銀行提撥損失準備時，只是將淨值的一部分指定為損失預備金，既不代表損失已經發生，也不表示一定發生，而是損失可能發生，但銀行已做好因應措施。

所以說，扣掉富國銀行每股二十五美元的損失預備金，每股淨值還有三十美元。後來損失果真發生，但沒有富國銀行當初預期的那麼糟，一九九一年，該銀行的大半獲利被損失抵銷，但它的營運仍正常如昔，並公布小賺兩千一百萬美元，相當每股盈餘〇．〇四美元。

華爾街的反應，是將富國銀行視為破產邊緣的地區性商業銀行，結果在四個月內，股價從每股八十六美元跌到四十一．三美元。也就是說，只因為一九九一年不賺錢，使得富國股價下跌五二%。巴菲特的反應則是以平均每股五十七．八美元，買下這家銀行一〇%的股權（相當於五百萬股）。

巴菲特認為，富國銀行為全美管理最佳、最賺錢的貨幣中心銀行之一，股價比同級銀行的未上市行情便宜許多。雖然金融業競爭激烈，但屬於貨幣中心的富國銀行，在金融交易上卻居「把關者」的壟斷態勢。無論是個人、小生意業者或數十億美元的大企業，都需要銀行戶頭、商業貸款、汽車貸款或抵押借款，才能夠在社會上生存。銀行對每個戶頭或為以上貸款提供的各項服務均收取手續費，順帶一提的是，加州是個人口稠密、商業繁榮、中小型銀行林立的地方，富國銀行在那裡服務他們，而且收取費用。

富國的貸款損失從未如預期般嚴重，十年後的二〇〇一年，如果想買一股富國，需付出約二百七十美元。巴菲特在一九九〇年的投資，大約為他賺進一六．八%的稅前年複利報酬率，在他看來，任何事業皆無法與銀行相提並論。

首都與富國銀行的股價，都因為產業蕭條而大跌，於是巴菲特便逢低大舉買進。

單一的不幸事件

聰明公司也有糊塗時，一旦做了蠢事，便造成鉅額損失。股市的反應十之八九是打落水狗，這時必須釐清不幸是否會過去，或是將造成無法彌補的災害。有持久競爭優勢為後盾的企業，幾乎能克服任何不幸事件，巴菲特第一次投資蓋可保險和美國運通，就是趁兩家公司犯下錯誤，幾乎把淨值賠光的時候。八〇年代早期，一連串與菸草相關的訴訟案，使菲利普莫里斯和雷諾茲（R.J. Reynolds）的股價下跌，這時巴菲特趁機進場。據說巴菲特投資美泰兒（Mattel），是趁該公司做了一件吃力不討好的併購案，以致幾乎虧光淨利時。

即使一家公司具備良好的持久競爭優勢，偶爾也會做出愚蠢但可挽救的事。從一九三六到七〇年代中期，蓋可保險採低營運成本策略，以直接投郵的行銷法省去經紀人，承接紀錄良好駕駛人的保險，因而賺了一筆大錢，然而到了七〇年代初期，新管理階層決定讓公司進一步成長，方法是不問張三李四，只要上門就一律承保。

這個新的保險哲學，招來許多經常出車禍的駕駛人，而車禍次數愈多，蓋可保險的虧損愈大，一九七五年該公司公布淨損一億兩千六百萬美元，也將公司帶入破產邊緣。為了因應危機，董事會雇用伯恩（John Byrne）為新任董事長兼總裁，他一上任便主動邀請巴菲特入股，當時巴菲特的唯一顧慮，是希望蓋可保險捨棄一概承保的賠錢作法，回復以往經得起考驗的模式，透過直接郵寄，以低成本承接優良駕駛的保險。伯恩表示公司正計畫這麼做，於是巴菲特便投入資金，他在一九七六年首次投資後，便持續買進直到一九八〇年，投資成本共計四千五百七十萬美元。一九九六年，在巴菲特將剩餘股份買下前，他的投資已經增值為二十三億九千三百萬美元，相當過去十六年間，每年的複利報酬率約二八%。

一九六〇年代中期，美國運通面臨的是另一場災難。該公司透過一家經營倉儲的子公司，替一位名叫狄安傑利斯（Anthony De Angelis）的大宗物資經銷商人作保，保證他名下的六千萬美元沙拉油確實存在，狄安傑利斯則以沙拉油作為抵押品，取得六千萬美元融資。後來狄安傑利斯無力償還欠款，於是債權人前來查封沙拉油，令人吃驚的是，融資抵押品竟不存在。美國運通不慎為不存在的油核發存在證明，因此必須對債權人的損失負最終責任，最後美國運通只得把近六千萬美元交到債權人手中。

這損失把美國運通大部分的權益基礎消耗殆盡，華爾街將股價打入谷底。巴菲特觀看整個事件，認為即使該公司折損絕大部分權益基礎，但它獨占鼇頭的信用卡和旅行支票業務仍完好如初，他認為資本的損失將不致對美國運通造成任何長期損傷，於是巴菲特便以巴菲特合夥公司的四成資金，買進美國運通流通在外股數的五％。兩年後市場將這檔股票重新向上評價，巴菲特將股票賣出，兩千萬美元的獲利入袋。

另一樁不幸的企業事件，是美泰兒於一九九九年併購學習公司（Learning Company）造成不斷失血，股價從一九九八年的四十六美元天價，一路跌到二〇〇〇年的九塊錢，也為選擇性反向投資創造絕佳買點，原因是美泰兒的主要產品線「芭比娃娃」的生意暢旺如昔（據說巴菲特在每股九到十美元間持續買進）。美泰兒的解決之道，是認賠出清它持有的學習公司股票，截至二〇〇一年春季，美泰兒股價已經回復到每股十八美元的健康價位，也讓巴菲特在一年內獲利近一倍。這例子充分說明，雖然公司的某個部門遭逢不幸，然而具備持久競爭優勢的部門卻拯救公司及其股價，也為巴菲特這群選擇性反向投資者賺進豐碩的利潤。

這麼想吧，假設你控告速食大亨百勝餐飲集團，而後在二〇〇一年勝訴，獲判四億五千六百萬美元賠償金，略高於該公司當年公布的淨利數字。股市一聽到判決便大舉殺出百勝，但其實這筆損失絲毫不影響百勝在二〇〇二年的獲利，該公司仍然具備持久競爭優勢，因此你獲判的賠償金，實質上可被視為百勝在二〇〇一年發放的同額現金股利，只是百勝沒有將錢發給股東，而是給了你。到了二〇〇二年，百勝餐飲的淨利極可能有四億五千六百萬美元或更多，等到了二〇〇五年，沒有人還會記得二〇〇一年發生的事，股價也將回到宣判前的水準。投資人可真健忘呀！

結構改變

企業結構改變往往為獲利帶來額外負擔，因而拖累股價。併購、重建和重組的成本，可能對淨利產生非常負面影響，但也可能意味著買點出現。當合併和重建的費用，對好市多（Costco）的淨利造成負面衝擊時，巴菲特反而逢低買進。

從公司組織變為合夥，或是對某部分事業進行資產分割導致結構改變，也可能對股價有利。巴菲特之所以投資坦內可海外服務（Tennaco Offshore and Service Master），是因為它從公司組織改為合夥組織的緣故，當西爾斯（Sears）宣布將對保險事業進行資產分割，成立全州保險公司的時候，巴菲特便買進西爾斯的股票。

戰爭現象

無論何時，戰爭的威脅都將使股價下跌。任何大型武裝衝突引發的不確定性與潛在的大災難，都將對大盤造成殺傷力，拋售股票純粹出於恐懼，大眾紛紛賣股求現，經濟為之瓦解。類似的拋售行為，例如一九九〇年的兩伊戰爭，及二〇〇一年的阿富汗戰爭等，均使股價動盪不安，也為巴菲特創造罕見的買點。類似情況的最佳範例是在「九一一事件」後的大量拋售，當時旅遊業的大規模崩解，使航空公司、租車業、旅行社和郵輪業者的股票遭大肆砍殺，老百姓不再旅行，旅遊業者一系之間開始虧損。

民眾到底還會不會旅行呢？當然會。一旦回歸正常，這些公司的股票將恢復以往生機，些微的永久傷害自是難免，但只要採用巴菲特的方法，選擇性反向操作的投資人應該會辨別哪些股價會復原、哪些不會。

總結上述，促成投資的利空狀況共五大類：股市修正或恐慌、產業蕭條、單一的不幸事件、結構改變和戰爭。每一類都可能對股價造成負面衝擊，數種情況同時發生時，能將股價打落谷底，但同時也是最佳的進場時機。

巴菲特投資法速記

- 利空狀況共有五大類：股市修正或恐慌、產業蕭條、單一的不幸事件、結構改變以及戰爭。
- 當股市修正或恐慌，伴隨其他四種利空狀況時，便創造了最佳的進場時機。

11 上哪找「四大富商」？

持久競爭優勢是一種隱藏財富，那是好公司從競爭市場中努力不懈的收穫成果，也可以透過獨家專利權或版權取得。不過即使身為競價型企業，一旦成為該領域產品的低成本生產者，或是熱門服務的獨家提供者，因而形成地區性的壟斷時，也可能發展出持久競爭優勢。

競價使同一個城鎮的兩家報社兩敗俱傷，但若其中一家因管理不善，導致失去競爭優勢最後歇業，或者被另一家報社買去，存活的那一家就演變成地區性壟斷，獲得近似壟斷者的利益。在壟斷態勢下，只要管理得當，這家報社的經濟實力將與日俱進，於是生產成本完全回收、負債為零，種種條件使它立於不敗之地，足以對抗外侮入侵。任何競爭對手將面臨超高的初期成本，初期成本高代表固定費用高，也意味著獲利率嚴重偏低，於是過去的競價型事業，便搖身為具持久競爭優勢的公司。

此外你會發現，競價型生產者（如汽車業者）透過「產品專門化」，開發出具持久競爭優勢的品牌利基，經濟實力成為同業中的翹楚，德國跑車製造商保時捷便是如此。該公司應消費者要求生產奢侈品，保時捷發現較貴的車款遠比便宜的好賣，換言之不僅利潤率較高，而且讓股東笑嘻嘻。

一旦確立持久競爭優勢的地位，想失去這種優勢幾近不可能，除非商業環境有大變化。菲利普莫里斯是極具持久競爭優勢的公司，歷經五十州的聯合控訴和聯邦法規的攻擊卻仍安渡難關，拯救這家公司的，是全世界最暢銷的「萬寶路」香菸，在過去四、五十年間，造就菲利普莫里斯成為今日實力雄厚的大公司。

某些特定商業領域，比較容易生出具持久競爭優勢的公司。舉例如下：

一、能滿足消費者重複需求、能在短期內耗用、具品牌魅力，下游商家一定得銷售或使用才能在這一行「混」下去的產品。從餅乾到絲襪都包括在內。

二、廣告業的情形也相當類似。商品生產者必須持續以廣告說服大眾購買。這是商界中必要且相當賺錢的部門，無論銷售品牌產品或基本服務都少不了廣告促銷，廣告是商界中的既存事實。

三、提供個人和企業所需的重複性服務，像是報稅、清潔打掃、保全和除蟲等。

四、用低成本產銷多數人一生中必須購買的民生用品，涵蓋面甚廣，從珠寶、家具、地毯乃至保險都是。

現在讓我們逐一檢視。

滿足重複需求，短時間內耗用與品牌魅力

品牌速食餐廳

巴菲特喜歡在速食餐廳用餐，也喜歡投資它們。速食餐廳販賣漢堡等大眾化食品並建立品牌，巴菲特的持股包括麥當勞、漢堡王及擁有塔可貝爾、肯德基與必勝客的百勝餐飲集團。經驗告訴他，除了速食外，沒有什麼能被快速消耗，飢腸轆轆的消費者，將這些食物的特有風味與公司品牌聯想在一塊，於是「品牌」便成為顧客一再光臨的理由。

基本上，速食餐廳的持久競爭優勢受品牌保障，加上為數眾多的據點和精心規劃的物流網，三十年來產品千篇一律，總資本報酬與權益報酬均高，歷年獲利成長傲人。本質上它們與不景氣絕緣，最佳買點出現在空頭，或多頭期間的修正與恐慌性賣壓，有時單是一個餿掉的漢堡或比薩，就足以造成股價下挫。

獲專利權的處方用藥

下次看病時，如果醫生開了昂貴的處方用藥，想想製造這藥的公司吧。在人口爆炸的地球上，每天有上千次國際班機在空中穿梭，新種疾病只消幾小時便從一國跳到另一國。病毒可能在一夜間轉變成為新種疾病，一般人對「現代萬靈丹」的需求將不斷增高。這些藥品全

都為人們迫切需要，而且受專利權保障，想要痊癒的人，就得乖乖把錢交出來。

負責把關的醫生必須開這些藥品的處方箋，否則患者還得繼續生病，所有處方用藥的頂尖製造商，包括：必治妥施貴寶、默克藥廠、梅利安梅洛道（Marion Merrell Dow, Inc）、麥蘭實驗室（Mylan Labs）等，資本報酬與權益報酬率均高，也有輝煌的獲利成長紀錄，只要一有人生病，這些很會賺錢的公司立刻伸出援手。其中一次最佳買點出現在一九九三年，當時希拉蕊．柯林頓企圖整頓醫療和處方用藥的高成本，在政府干預的威脅下，短視的股市對製藥類股避之唯恐不及，巴菲特利用這次買點購入必治妥施貴寶九十五萬七千兩百股，每股成本約十三美元，以當年度每股盈餘一．一美元計算，相當八．五％的初期報酬率，若以二〇〇一年的每股七十美元市值計算，巴菲特最初投資的平均年報酬率約為二三％。

少了一位關心醫療的民主黨籍第一夫人後，只能等待空頭來臨，或趁多頭修正與恐慌賣壓時逢低進場。這些公司本質上與不景氣絕緣，但也偶有「突槌」時，例如政府作勢干預就導致股價下挫。

品牌食品

包括家樂氏的早餐穀片、康寶濃湯、賀喜的巧克力、青箭口香糖、百事可樂的多力多滋玉米脆片、莎莉的起士蛋糕和熱狗、卡夫／通用食品（Kraft / General Foods）的各類產品，以及全美第二大食品加工業者康艾格拉（ConAgra）均屬知名品牌。巴菲特在麵團寶寶（Pillsbury）和通用食品兩項投資上獲利豐碩，這些公司生產多種品牌產品，它們五十年如一日，在消費者心中的地位形成了持久競爭優勢。提到巧克力就想到賀喜，提到口香糖就想到青箭，提到即食湯就想到康寶，這些公司早已獲利多年，買點出現在空頭，或是多頭中的修正或恐慌性賣壓。每當股市看法分歧時，這些股票也是被犧牲的對象，因為它們雖有長期成長空間，卻無法給投資人短期財富。只要一出現超賣，就會是絕佳的進場時機。

品牌飲料

可口可樂、百事可樂和安海斯—布希（Anheuser-Busch）啤酒是巴菲特目前持有、過去持有、未來也將繼續持有的股票。經證實它們全都具備持久競爭優勢、獲利強勁且總資本和股東權益報酬率雙高，它們賣相同產品超過七十年，夠久了吧？隨便哪一天，光是可口可樂一家公司就生產美國飲料消費量的三成，想來還真是了不得的豐功偉業，至於安海斯—布希則是全球最大的釀酒業者。

巴菲特在多頭的恐慌性賣壓時，首次買進可口可樂股票，空頭市場與多頭的修正或恐慌性賣壓，都是這些公司的絕佳買點。

品牌清潔用品／家用品

在林林總總的品牌產品中，使用最多的莫過清潔用品和家用品，舉凡牙膏、肥皂、洗髮精、清潔劑、衛生棉條、刮鬍刀等，從每天一大早就被上億美國人民使用且從無例外，於是高露潔、寶鹼、吉列（Gillette）等公司，便以無比愉快的心情將產品賣給大家（巴菲特持有寶鹼與吉列公司股票）。這三家公司獲利超強，資本與權益報酬率均高，負債相對淨利的比率低，產品的持久性幾乎無庸置疑。當然它們也會做點微幅修改，像是在牙膏裡多加點薄荷，或是改進刮鬍刀的設計，但說穿了，產品在二十五年來從未變過，未來五十年恐怕也將如此。

巴菲特喜歡這些公司，只要價錢夠低他一定加碼，什麼時候呢？在空頭真正來臨，或當多頭面臨修正與恐慌賣壓時。這些公司不會因為產業蕭條而氣餒，但蕭條卻影響銷售，它們在世界各地都頗具規模，如果歐洲經濟受創，連帶影響美國的獲利，最近吉列便因為占營業額約三成的西歐遭逢不景氣而發生問題。

品牌服飾業

品牌服飾是由來最久、也是最賺錢的行業。以李維牛仔褲（Levi's）為例，在加州淘金熱期間，李維．史特勞斯（Levi Strauss）將製作船帆的厚重丹寧布縫合成褲子，耐用到連辛勤工作的淘金客都穿不壞，這些褲子成為眾所周知的牛仔褲，或簡稱「李維」。李維靠賣牛仔褲發跡，後來一路從兒子傳到曾孫。這家公司最近才因為競爭加劇與成本上升而出現問題，但李維家族經營牛仔褲事業堪稱順遂。

李維具備的持久競爭優勢表現在品質與耐久度，這也是消費者願意多花點錢購買的原因。後來李維成了時尚代言，而「時尚」正是利之所在，一般人願意花大筆銀子，買件成本才幾塊錢的衣物。這行最酷的地方是，實際製造都是轉包給價錢最低的代工業者，耐吉運動鞋可能今年在韓國製造，明年移到印尼，總之哪裡人工便宜就到哪裡。製造這些產品的業者屬競價型，產品製成並貼上標籤後便成為品牌產品，賣的是品牌價，持久競爭優勢掌握在品牌所有者的手中，也就是將製成品生產外包的公司。

這些公司賺錢嗎？賺得可多哩。耐吉在二〇〇〇年賺了五億七千九百萬美元，麗詩加邦賺一億八千三百萬美元，波克夏持有這兩家公司的股票。

製造商必須持續廣告

「口碑」是最有效也是最古老的廣告，口碑不管用時，人們會請廣告公司設計廣告，將訊息傳遞給消費者。廣告的媒介有收音機、電視、報紙、告示板、直接投郵、網頁等，外加一堆非常專業的雜誌，巴菲特對廣告感興趣，因為它已成為製造商相互競逐的戰場，眾多消費品公司每年花數億美元，只為了將「來買我們的產品」的訊息送給潛在客戶。廣告是條不歸路，製造商必須不斷做廣告，否則可能被競爭者趁虛而入，奪走自己的利基。

巴菲特發現，「廣告」在潛在消費者和製造者間創造一個虛擬收費站，若想為產品創造需求則非廣告不可，因此姑且將此稱為「廣告收費站」。擁有廣告收費站的包括：廣告商、廣播電台、電視網、報紙、告示板、直接投郵與電子郵件公司，加上為數眾多的高度專業雜誌。巴菲特發現，企業一旦開始登廣告就幾乎停不下來，「競爭」造成對廣告的重複需求，只要有一家公司停止廣告攻勢，對手就會見縫插針，趁機將空隙填滿。

廣告公司

大型跨國企業想將產品行銷到全球時，會找幾家國際性的廣告公司，這些廣告公司在全球商業界中相當獨特，它們創造、撰寫、製作廣告並進行市場測試，然後呈現在平面媒體、告示板、廣播電台與電視台，整套宣傳活動無非在幫業主將產品推銷給世人。通用汽車和菲利普莫里斯的共通點，在於都有專屬廣告公司幫忙推銷，如果其中一家跨國公司想推出一系列廣告宣傳，很可能會找埃培智（Interpublic）這類廣告公司，埃培智是全球第二大廣告公司，在五十二個國家設有據點，服務三千多位客戶。跨國企業若想接觸消費者，得先到埃培智留下「買路財」。巴菲特利用一九七三至七四年的不景氣，以每股三美元買進一七％的埃培智股權，依當時每股盈餘〇．八一美元計算，約當本益比三．七倍。就在同時，他以每股四美元買進全美第五大廣告公司奧美集團約三一％的股份，當時每股盈餘〇．七六美元。目前應該留意的是宏盟集團（Omnicom Group），它是全球觸角最廣的廣告公司，只要股價一跌，巴菲特將伺機進場。

電視

一旦廣告被寫好、被記錄下來、被照成相片或拍成影帶，就必須播放給潛在顧客。透過電視、報紙、雜誌、直接郵寄等公司，全都有可能接觸數百萬名潛在顧客，這些公司是最後一個廣告收費站，由於觸角最廣，獲利也最多。

電視以其接觸面廣，故成為廣告媒體之王，企業願意花大錢來擁有這特權。在美式足球超級盃比賽期間，登廣告得花好幾百萬美元，「錢」途確實無可限量。只要買台轉播器，架設天線，最後將插頭插上，就可以繼續經營。電視公司購買的節目取決於廣告收入，早期ABC、NBC、CBS和這些電視台分支出來的獨立機構，基本上就像獲得印鈔許可權一樣。巴菲特經過了一九七三至七四年的股市崩盤，於一九七八年以每股二十四美元大舉投入ABC電視網，以當時每股盈餘四．八九美元計算，相當於四．九倍的本益比（注意：當時ABC的本益比極低。一九七二年的多頭泡沫期間，它的本益比為二十倍，到了一九九九年的多頭泡沫期，迪士尼公司併購ＡＢＣ後，則以四十二倍本益比在市場交易）。巴菲特也用八倍本益比買進首都。

報紙

獨家報紙壟斷商品與當地消費者接觸的權力，但只要來位競爭者，將落得兩敗俱傷，《水牛城晚報》（*Buffalo Evening News*）就是一例。競爭者還在的時候，該報只是差強人意，但自從對手關門大吉，《水牛城晚報》就展現亮眼成績。巴菲特發現當城裡只有一種報紙時，可以任意調高廣告費還不怕顧客流失，否則廠商如何招攬生意呢？

巴菲特在一九七七年以每股八．二五美元買下每股盈餘為○．九四美元的《騎士報》，本益比近九倍。在一九七二與一九九九年的多頭泡沫期間，同一家公司的本益比分別為二十四與二十倍。巴菲特於一九七三至七四年間的股市崩盤時，以每股五．六九美元買進每股盈餘為○．七六美元的《華盛頓郵報》，換算本益比為七．五倍，《華盛頓郵報》於一九七二年的泡沫期間本益比為二十四倍。他在一九八○年以每股十四美元買進擁有《洛杉磯時報》的時代明鏡（Times Mirror），後者每股盈餘為二．○四美元，換算本益比六．九倍，這支股票於一九九九年的泡沫期，以二十一倍本益比交易，他在一九九四年買進發行一百三十四種報紙的甘尼特報團（Gannett），當時正逢廣告業不景氣，因此本益比只有十五倍，一九九九年的泡沫期間，甘尼特本益比為二十四倍。只要股價夠低，報紙還會是很棒的投資，不景氣與空頭都是尋找最佳買點的好時機。

雜誌

老牌雜誌將市場的某些區塊鎖住，也為它們創造驚人獲利，這就是巴菲特為何在八〇年代初，在聯準會升息導致不景氣時，決定買進時代公司的原因，時代公司發行《時代》、《時人》、《運動畫刊》（*Sports Illustrated*）等雜誌，它與華納兄弟（Warner Brothers）合併，組成時代華納，後又與美國線上公司合併，組成美國線上時代華納公司（AOL Time Warner），若非長期負債居高不下，否則巴菲特倒是有興趣買進（巴菲特曾一度持有美國線上股票，他將此公司視為雜誌與有線電視的混合體）。巴菲特也是《讀者文摘》的忠實讀者，該公司成立於一九二二年，零負債，權益報酬率與總資本報酬率均高於二〇%。

直接投郵與告示公司

直接郵寄是最有效的廣告方式之一，像艾德佛（Advo）公司即是箇中高手。這是門相當賺錢的行業，看板出租業者也是，透納（Ted Turner）就是靠看板生意起家。戶外系統公司（Outdoors Systems）在美國各地擁有超過十一萬個戶外看板，在紐約市中則有十二萬五千個地鐵看板。只要價錢合理大可買進。

提供消費者重複性服務

這些公司提供的服務可由非工會勞工執行，他們多半技能有限，且只在有必要時受雇。這一行由來已久，業者包括服務王（Service Master），提供害蟲控制、專業清潔、幫傭、照顧草地等服務。還有全球最大的害蟲與白蟻控制服務公司歐金（Orkin），也為住家和公司行號提供保全。另外大家都知道，每到報稅期間，H&R金融服務公司就是納稅人的救星，幫忙填妥報稅單上每一行的數字。以上公司的權益報酬率和總資本報酬率均很高。

巴菲特認為，類似「收費站」的公司也包括他投資的信用卡公司，如美國運通。信用卡是相當有意思的行業，只要刷美國運通卡，該公司就向商家收取手續費，也向持卡人收年費，它還會針對持卡人尚未付清的帳款，收取近乎高利貸的利息，就這樣東一點、西一點地積少成多。把所有利息收入相加，就會明白巴菲特為何認為這些公司如此誘人，發行這些千奇百怪的信用卡，既不需昂貴廠房，也不用研發預算，第一數據公司建立這種獲利頗豐的商業模式，它替美國運通等信用卡發卡公司處理上百萬件信用卡交易。

辛塔斯公司（Cintas Corp）出租制服、雞毛撢、門墊和抹布給公司行號，因而賺不少錢，出租生意好賺，原因是它重複販賣同性質貨品。公司行號會一直需要訂購制服，這種需求是不會消失的，巴菲特買進的鄧白氏也一樣，它將企業資訊提供給企業界，資訊可以被重複販賣。美國資訊公司（InfoUSA）也是以提供企業資訊大賺其錢的例子。

關鍵是，這些公司雖提供必要服務，卻幾乎不需資本支出，也不需聘請高薪、高教育水準的員工，更沒有產品報廢問題，一旦管理階層和基本設施準備就緒，公司便可以視需要增減員工。以時薪十美元請人處理資料，只要提供幾小時訓練，就可以放手讓他們做。沒有工作時，請他們另謀高就。

此外，做這行不需要花幾十億美元來提升或建造廠房。公司獲利直接入袋，可以用來擴大營運規模、分發股利，或買回自家股票。

以低成本產銷的民生用品

競價型產品的產銷者，成本可能很低，長久維持這種態勢就能建立利基，幾年後便取得資金與基礎建設，在自己的領域中稱王。巴菲特第一次領教低成本生產者的獲利能力，是在投資蓋可保險的時候，它是低成本的汽車保險業者，汽車保險好比每位車主都得繳交的高額罰單，一般人買汽車保險時，會向當地最便宜的業者購買，因此「低價」就成為競爭優勢。

大型零售商藉由薄利多銷賺取類似壟斷的利潤，沃爾瑪百貨（Wal-Mart）就是如此。當一家店的招牌代表價廉物美和良好的服務時，意味著它也獲得許多商譽。巴菲特發現，這道理對稱霸市場的大型家具店相當受用，以波克夏擁有的內布拉斯加家具大賣場（Nebraska Furniture Mart）為例，後者的購買力，使它在買進大量存貨時，獲得製造商的大額折扣，它才可以用低於同業的價格賣出，這就是人稱的「壟斷購買力」，買方挾其勢力以量制價，賣方則獲得薄利多銷的好處，這也是規模經濟的影響所在，賣方只要接一張訂單，就可以賺進大把鈔票。內布拉斯加家具大賣場將省下的錢部分回饋於顧客，把競爭對手的價格硬是比了下去。

這些商家的店面多為自己所有，成本早在幾年前就已回收。廉價的店面代表較低的售價與滿意的顧客，而滿意的顧客會一再光臨，於是店的生意愈來愈好，賺的錢也愈來愈多。總而言之，只要存貨周轉率高（賣很多東西出去），即使獲利率低也沒關係。

這些公司以低成本、存貨多且售價便宜，製造了極高的進入門檻，任何想染指的業者，一開店門都將面臨龐大費用，包括：為取得大型零售空間的融資成本、大量進貨，加上強大的廣告攻勢。如果獲利率更高些，競爭對手或許能搶占灘頭堡，挑戰那些以壟斷者自居的零售業者，但由於獲利率很低，進入門檻對新競爭者便是仰之彌高，益發難以超越。

巴菲特於二〇〇〇年，以每股十四美元買進每股盈餘為一．九二美元的家具品牌國際公司，就是這種情形。家具品牌國際是美國頭號住宅家具製造商，每個人一生中總要買家具，它就等著客人上門。該公司成立於一九二一年，擁有堅強的獲利能力，權益與總資本報酬率也很好，多年來在業界建立主導地位。巴菲特於一九九九年的泡沫破滅後逢低買進，股價沒多久就回升，二〇〇一年二月，這支股票每股二十五美元，馬上替巴菲特賺進七八%的投資報酬率。

巴菲特買進的另一家公司木勒工業，則是一家生產水管配件、金屬管和相關產品的頂尖低成本公司，二〇〇〇年十月的賣壓，將這支每股盈餘高達二．一六美元的股票從三十二美元壓低到二十一美元，該公司成立於一九一七年，低成本的基礎建設使競爭者不敢妄動。

大型珠寶連鎖店的情形也類似，它們擁有龐大購買力，以最低價買進珠寶，再以較低價賣給各地小型珠寶店。這類商店也能製造對手難以撼動的壟斷態勢，巴菲特的家鄉奧瑪哈有家名為博善（Borsheim）的珠寶公司，專挑便宜地點開店，它賣的高價珠寶，比蒂芬妮等高檔零售業者便宜。當地連鎖店根本不敢嘗試這種高檔生意，於是讓這家店「整碗捧去」。博善終於建立口碑，大家都說老闆傅立曼（Ike Friedman）殷實經商，到那裡買一定划算。不多時，人們紛紛從外地前來光顧，這正是一家走高檔路線但運用「薄利多銷」賺大錢的例子。傅立曼生意興隆，光憑一家店面，博善便成為全世界最大的高檔珠寶公司，巴菲特愛極了這家店，他在一九八六年從傅立曼手中買下，至今仍靠著銷售金、銀、鑽石和紅寶石等獲利。

只要人還睡在床上、坐在沙發上、替車子保險、需要別人幫忙填寫租稅申報書，這些公司還會繼續賺錢——賺很多錢，而且一直、一直這樣下去。

巴菲特投資法速記

● 巴菲特發現以下四種基本型態的事業，具備持久競爭優勢：

✓滿足消費者的重複需求、能在短時間內耗用、具品牌魅力、商家須銷售或使用才能在這一行「混」下去的產品。從餅乾到絲襪都包括在內。

✓廣告業。生產者必須持續以廣告說服大眾購買，這是商業世界中必要且獲利豐碩的部門。無論銷售品牌產品或基本服務，都少不了廣告，廣告是商界中的既存事實。

✓提供個人和企業重複需要的服務。包括報稅、清潔、保全，以及除蟲服務等。

✓以低成本產銷多數人一生中都必須購買的民生用品，涵蓋面甚廣，從珠寶、家具、地毯乃至保險都是。

12 運用網際網路擊敗華爾街

巴菲特相當迷戀數字。他愛數字。兒時背誦車牌號碼和棒球卡上的統計數字，九歲在筆記本上寫滿一頁頁數學級數，他經常花整晚計算報紙上出現某個字母的次數，也對美國各大城市的人口倒背如流，做禮拜時，他計算神職人員的壽命。巴菲特無所不算，從瓶蓋一直算到幾輛車子經過家門前。

童年對數字的執著，轉變成一種對統計資料的迷戀。現在巴菲特閱讀上百份年報，他最讓人受不了的，是把一疊財務報表帶到家族度假和社交場合，趁無聊時閱讀。他喜歡自己報稅，到現在還保有第一份稅單副本，這輩子最愛的，就是坐在他自稱為「聖殿」的辦公室裡閱讀財務報表。

巴菲特每天的必做功課是閱讀《華爾街日報》、《紐約時報》和《華盛頓郵報》，以及數個地區性大報的工商版，包括《洛杉磯時報》、《芝加哥論壇報》。《財星》、《富比士》、《商業週刊》也在固定書單之列，他選讀《美國銀行家》（*American Banker*）等貿易刊物，在家裡工作時，房間裡堆滿《價值線投資調查報告》（*Value Line Investment Surveys*）和《穆迪證券指南》（*Moody's Stock Guides*）。巴菲特家中地下室也保存一整排綠色的大型檔案櫃，裡面的年報都屬於他感興趣的公司，這些資料之後會被移到波克夏的辦公室。即使如今巴菲特愛上網路，但若沒有報紙供晚間閱讀，仍會使他極為懊惱。

最便捷的資訊來源

網路使資料取用變得極容易，巴菲特將網路功能運用到極致。他固定使用的線上服務，包括彭博的專業服務（網址為：www.bloomberg.com），內容有債券價格等資訊，以及「價值線投資調查報告」的網站www.valueline.com，這項調查的創始者是柏恩哈德（Arnold Bernhard），他和巴菲特的師父葛拉漢同期，自一九三七年開始編纂並出版與股票有關的數字。價值線涵蓋三千五百家公司過去十五年來的財務數字，它是巴菲特固定使用的重要工具，提供的數據包括每股盈餘和權益報酬率。巴菲特也訂閱穆迪（網址：www.moodys.com）和報導六千種股票的《標準普爾股票報告》（網址：www.standardpoor.com），並充分運用美國企業新聞信息公司（網址：www.prnewswire.com），該公司在傳送電子工商新聞方面是第一把交椅，提供過去三十天來完整的即時新聞資料庫，以及兩千多家企業的年報。巴菲特還從美國證管會的檢索資料庫（網址：www.sec.gov/edgar.html）中，取得各公司送交證管會的年報和季報表，以及和美國各上市公司相關的有用資訊。

www.msn.com（筆者最喜歡的免費服務）等線上投資服務，提供上千家公司十年來的財務紀錄，這些豐富的資訊一般人難以從各公司取得，而現在還都是免費的。

巴菲特決定研究一家公司時，會蒐集最近一期的年報和季報，以及從彭博、價值線與穆迪取得的財務訊息。他多半會取得公司近況和至少十年的歷史財務數字，從這些資料中仔細檢視公司歷來的資本報酬率和權益報酬率、獲利、債務負擔、是否進行股票買回，以及管理階層在資金配置上的表現。

擅長的投資領域

巴菲特經常把「擅長的投資領域」掛在嘴邊。以比爾．蓋茲和他不可思議的微軟為例，巴菲特說，微軟大概是全世界經營最成功、最賺錢的公司，然而他坦承沒有能力判斷微軟是否具備持久競爭優勢，因為他對微軟的業務一無所知。巴菲特認為，若要判斷一家公司的競爭優勢是否持久，得先了解其業務和產品性質。判斷產品是否存在已久並不困難，但判斷產品在未來十年仍否存在就難上加難，除了要懂產品外，還得知道它能滿足哪些需求。對巴菲特而言，高科技業進展神速，根本不可能判斷未來產品的持久性，如果不知如何評價，他就乾脆不投資。

假設衡諸一切狀況後，某公司似乎是個理想投資標的。這時你該採取下一步。

謠言

這一步採用費雪（Philip Fisher）在《非常潛力股》一書（*Common Stocks and Uncommon Profits*）中闡述的觀念，也就是所謂「打聽謠言」的調查過程，這是種調查技巧，有意投資的人打電話給公司的競爭對手或客戶，打聽關於這家公司的事。這和詢問求職者的推薦人意見沒有什麼不同。

巴菲特當真拿起話筒，打電話給某公司的對手，詢問對方的看法，或者他會向一位了解某行業的朋友打聽。巴菲特常問一家公司的執行長，誰是他（或她）最害怕的對手，一九九三年IBM的股價從每股三十美元跌到十美元，巴菲特在宴會中遇到比爾．蓋茲，他立刻問蓋茲有關IBM及其競爭優勢是否持久的辛辣問題。蓋茲起先將巴菲特歸類為股市投機者，於是和他展開有關電腦業的激烈辯論，結果蓋茲發現巴菲特的問話習慣，其實代表一種有趣的思維模式，沒多久兩位億萬富翁便成為哥倆好，帶著家人一起度假，還聯袂到大學演講自己的成功經驗。

另一個巴菲特打聽謠言的故事，是替他賺進大把鈔票的蓋可保險，巴菲特在哥倫比亞大學的企管研究所就讀時，發現他最喜歡的教授葛拉漢是一家保險公司的董事長，這家保險公司就是蓋可，於是立刻坐火車到蓋可位於華盛頓特區的總部。他在早上十一點左右到達，結果吃了個閉門羹。沮喪的巴菲特暗自生著悶氣，懊惱自己竟沒想到公司禮拜六可能是不營業的，但他還是死命敲門，直到一位清潔工來應門為止。

絕望的巴菲特懇求這位清潔工隨便在大樓裡找個人，和他聊聊這家公司。清潔工動了惻隱之心，告訴他說六樓有個人大概幫得上忙，於是他放巴菲特進來，帶他到六樓，那裡除了當時的投資長，後來升任執行長的戴維森（Lorimar Davidson）外，其他一個人也沒有。戴維森對巴菲特亟欲了解公司感到既驚且喜，於是花四小時講解保險業和蓋可的運作模式。巴菲特很喜歡蓋可，並將它納入擅長的投資領域，而這筆四千五百萬美元的投資，也在四十年內讓他賺進超過十六億美元（也可以說，若非清潔工把門打開，否則今天的巴菲特也不會如此富有）。如果你還未聽過謠言，試試看吧。

以往這些調查技巧既費錢又費事，動輒要花好幾個禮拜來蒐集一切所需資料，因此普通上班族連想都不用想。但如今情況變了，只要透過網路，小老百姓也能在一小時內蒐集到某家公司的財務資訊。

這是美麗的新世界，平庸的投資人毫不受限。

巴菲特投資法速記

- 網路讓你我取得一切必要資訊，實踐巴菲特的選擇性反向投資策略。

先從巴菲特使用的服務開始：

彭博 www.bloomberg.com

價值線投資調查報告 www.valueline.com

標準普爾股票報告 www.standardpoor.com

穆迪證券指南 www.moodys.com

美國企業新聞信息公司 www.prnewswire.com

美國證管會檢索資料庫 www.sec.gov/edgar.html

13 巴菲特的十大投資祕技

挖寶前，最好先弄清寶物藏在哪。巴菲特用幾種指標，判斷一家公司是否具備持久競爭優勢，以及是否強韌到足以克服股市因短視所造成的興替變化。

若有心效法巴菲特，就要在短視的投資人把買點送上門前，對上百家有持久競爭優勢的公司充分了解，一旦股市買氣逐漸熱絡，你要備妥作戰計畫，才能在他人不知所措時出奇制勝，同時在市場先生以不合理高價向你買進某家公司時，你會冷靜接受他的條件。為了讓各位跟上巴菲特的腳步，我們歸納了他的選股標準並加以詳述，供你尋找投資標的時使用。

一、正確的股東權益報酬率

我們從經驗中發現，初學者最好先熟悉哪些公司的股東權益報酬率居高不下，而「股東權益」也就是大家熟知的帳面價值。

你可以從幾處著手。我們建議你使用《價值線》，因為它有最齊全的歷史財務資訊，我們也建議使用《財星》的美國前五百大評比，或富國銀行網路券商提供的線上選股服務，找

表13.1　出租房屋的資產負債表（2001年6月1日）

資產	負債
出租資產$200,000	銀行貸款$150,000
	負債合計$150,000
	股東權益$50,000（註：你直接出的訂金）
資產合計$200,000	負債與股東權益合計$200,000

出哪些公司有高股東權益報酬率。符合條件者不多，你應該能很快找到，並對這些公司稍加了解。巴菲特早就這麼做，也指導後進如法炮製。

巴菲特發現，有持久競爭優勢的公司，股東權益報酬率幾乎都居高不下。重點在於「不下」這兩個字，因為「不下」才意味著「持久」。

我們將股東權益定義為公司的總資產減去總負債，你也可以用同樣方法，計算你對你的屋子有多少權益。假設你用二十萬美元買下一幢屋子出租，其中五萬是你自己的錢，剩餘十五萬是銀行貸款，因此你對房屋的權益，就是你投資的那五萬。房屋出租生意的資產負債表應該如表13.1。

資產負債表顯示出公司在某個時點的財務狀況，通常在每季末與年底公布，換言之財務部每三個月就得編製資產負債表。讀者無法從資產負債表中，得知公司是否賺錢，它只能顯示企業的資產與負債價值，以及資產減去負債後，是否還有價值剩下。個人的資產減去負債等於個人淨值，對公司而言則是股東權益或帳面價值。

將房子租出去時，租金收入扣除費用、房貸、稅金等，剩餘的即為淨利。如果房子每年租金為一萬五千美元，扣除費用一萬美元後，每年淨利為五千美元，損益表如表13.2。

表13.2　2001年獨棟房屋出租損益表

收入$15,000
費用$10,000
淨利$ 5,000

損益表列出所有收入與費用，說明企業在過去一段時間的獲利情況，這些報表通常在每季末及年底編製，第一季的損益表包含一至三月的收入和費用，全年損益表則將十二個月的收入和費用全包含進去。

權益報酬率是將獲利（五千美元）除以股東權益（五萬美元），在這裡為一〇%（五千除以五萬得出一〇%）。

如果你的A公司有資產一千萬美元，負債四百萬美元，則股東權益為六百萬。如果公司稅後淨利為一百五十萬，表示股東權益報酬率為二五%（一百五十萬除以六百萬得出二五%）。過去五十年來，美國企業界的權益報酬率平均約一二%，表示美國企業整體的年獲利，僅為股東權益的一二%。

高於一二%就是高於平均，反之則低於平均，而低於平均顯然不是大家所樂見。生產大宗物資類的競價型公司，歷來股東權益報酬率均低於一二%，有持久競爭優勢的公司，股東權益報酬率則高於一二%。

巴菲特要的，是股東權益報酬率一向高於平均的公司，而且愈高愈好。觀察過去讓巴菲特感興趣的公司，想想它們的股東權益報酬率。H&R金融服務公司在巴菲特建立持股部位時，平均股東權益報酬率為二五％，耐吉約一四％、歷來平均約為二〇％。約翰曼菲爾在二〇％至三〇％之間，《騎士報》一四％到二〇％，超級廣告公司奧美為一五％至二二％，通用食品公司在巴菲特買進時，年平均股東權益報酬率為一六％，當巴菲特首次持有可口可樂股票時，該公司的股東權益報酬率約三三％。

此外，美國廣播公司是一三％到二一％，蓋可保險二〇％到三〇％，雷諾茲一四％到一八％，菲利普莫里斯高於二〇％，時代明鏡歷來平均約一六％。長期以來深得巴菲特喜愛的賀喜食品，以往平均權益報酬率都在一六％上下。巴菲特第一次注意首都時，當時的報酬率為一八％，迪士尼在一五％到二一％間，服務王的股東權益報酬率超過四〇％，UST高於三〇％，甘尼特的報酬率為二五％，《華盛頓郵報》一九％，麥當勞一八％。

重點是——

「一致性」最重要。巴菲特不會因為一家公司的股東權益報酬率偶爾上升就急著進場，他偏好的公司，一貫保有高股東權益報酬率。務必了解「一致性」等於「持久性」，巴菲特認為競爭優勢持久，才有勝算可言。

表13.3　權益報酬率比較

公司一		公司二
權益報酬率（%）	年度	權益報酬率（%）
28.4	92	（當年度虧損）
31.2	93	3.8
34.2	94	7.0
35.9	95	14.5
36.6	96	7.6
48.8	97	23.8
47.7	98	10.0
48.8	99	0
55.4	00	24.3
56.0	01	6.9

以你目前正在研究的投資標的為例，它的權益報酬率比較接近表13.3中的第一家或是第二家公司？

巴菲特對第一家公司較感興趣。儘管第二家公司偶有佳作，但平均股東權益報酬率實在太低，也過於不規則。第一家公司的高股東權益報酬率，說明它因為強大的競爭優勢而獲益，符合巴菲特最重視的持久性。第二家公司的股東權益報酬率低且不規則，充分顯示它是以競價為主的大宗物資型企業，也是巴菲特無意買進的標的。

當一家有競爭優勢的公司，因產業蕭條或偶發事件導致獲利銳減，使權益報酬率大幅縮水，這時權益報酬率會像表13.4；這可能使目光短淺的股市反應過度。當你判斷市場反應過度時，可能就是買點。

重點是，巴菲特深知一旦股東權益報酬率居

表13.4

年度	權益報酬率（%）
92	28.4
93	31.2
94	34.2
95	35.9
96	36.6
97	48.8
98	47.7
99	48.8
00	55.4
01	6.0（有問題的一年）

高不下，表示競爭優勢可能強大且持久，因此即使短視的股市對企業的不幸事件反應過度，企業仍能在短期間內復原。

二、安全網：正確的總資本報酬率

股東權益報酬率高，有時是因為公司刻意藉由高股利或進行股票買回，以壓低權益所造成，這麼做是希望高股東權益報酬率能吸引更多投資人，這就是通用汽車等競價型公司之所以發布高股東權益報酬率的原因，因此巴菲特還會同時觀察一家公司的總資本報酬率，以淘汰這類公司。

總資本報酬率是淨利除以資本總額。在前面的房屋出租事業案例中，總資本為二十萬，也就是銀行貸款的十五萬加上權益五萬。總資本報酬率是淨利五千除以二十萬，即二．五％。

巴菲特要的，是總資本報酬率和股東權益報

表13.5

通用汽車		年度	H&R金融服務公司	
權益報酬率(%)	總資本報酬率		權益報酬率(%)	總資本報酬率
0	0	92	27.8	27.8
44.1	9.7	93	26.7	26.7
44.1	14.0	94	27.8	27.8
29.7	13.0	95	12.0	12.0
19.9	9.9	96	30.1	30.1
34.1	13.0	97	13.0	11.2
24.4	7.8	98	22.4	18.8
30.0	10.0	99	23.0	15.0
24.5	9.0	00	24.0	17.0
22.0	9.0	01	29.7	16.0

酬率雙雙居高不下。表13.5將通用汽車的權益和總資本報酬率，與H&R金融服務公司的兩項數據相比，前者屬競價型企業，後者則是銷售專業服務，且具持久競爭優勢的公司。

過去十年來，通用汽車的平均權益報酬率為二七．二%，紀錄相當值得欽佩，然而一九九二年的零報酬率，難免引人心生疑竇。該公司十年來的總資本報酬率就不是那麼回事，九．五%的平均值並非我們所樂見。另一方面，H&R金融服務公司的平均股東權益報酬率為二一．五%，總資本報酬率則是二〇．七%。

現在來看看，巴菲特持股的公司總資本報酬率是多少。如前所述，H&R金融服務公司的平均總資本報酬率為二〇．七%，耐吉多半在二三%上下、歷史平均值約二一%。約翰曼菲爾在一八%到一九%之間，百勝餐飲集團平均三〇%，《騎士報》一三%到一五%，超級廣告公司奧美集團一五%到二二%，巴菲特買進通用食品公司期間，該公司的總資本報酬率年平均在一三%到一五%，至於巴菲特開始買進可口可樂時，該公司的總資本報酬率約一八%。埃培智一五%到二二%，美國廣播公司一三%到一七%，雷諾茲一二%到一五%，菲利普莫里斯高於二〇%，出版業巨擘時代明鏡一三%。賀喜食品一三%到二〇%。首都約一七%，吉列一四%到一九%。迪士尼公司一三%到一九%。服務王超過一九%，UST三〇%。甘尼特公司一二%到一八%。《華盛頓郵報》一七%。麥當勞一三%。

巴菲特尋找的標的，總資本報酬率必須一直高於一二%。具備持久競爭優勢的公司，權益報酬率與總資本報酬率雙雙居高不下。此處的關鍵，在於「不下」。競價型公司的總資本報酬率通常很低，不符合巴菲特的選擇性反向投資策略。

銀行、投資銀行與金融公司

銀行、投資銀行、金融公司仰賴大量借款，希望以較高利率將錢貸放給個人和法人。像房地美（Freddie Mac）等公司，短期負債有一七五〇億美元，長期負債一八五〇億美元。如果你的公司用六%借來一筆錢，再以七%的利率貸放出去，總資本報酬率連一二%的邊都沾不上。因此巴菲特的觀察重點，在金融機構運用其掌控的總資產共賺進多少錢，原則是：賺得愈多愈好。高於一％很好，高於一．五％更棒。

金融機構的資產報酬率最好能一直高於一％，股東權益報酬率也最好都高於一二％。

公司淨值完全被發放

當一家公司的持久競爭優勢非常強大，以致能將部分或全部淨值以股利發放給股東，也不影響獲利能力，這時股東權益的下降，導致股東權益報酬率急遽上升（通常上升到五〇％或更高），一旦所有淨值都被發光則開始產生負值，意味著即使公司賺大錢，也不會有股東權益報酬率。

這種情況相當稀有，除非公司的獲利能力好到出奇，巴菲特持有的艾德佛就是這麼一家公司，艾德佛是全美國最大的直接郵寄行銷公司，也可以把它想成是家廣告公司。想藉直接郵寄接觸潛在顧客的公司會找艾德佛，該公司的競爭優勢在於它最大、最好、也是最符合成本效益的直接郵寄公司。艾德佛成立於一九二九年，持久性自是不在話下，直到一九九六年，每股盈餘一直穩定成長，股東權益報酬率也都在一八％到二〇％之間，一九八六至九六年間零負債。一九九六年它借來一億六千一百萬美元，以每股十美元的現金股利發放給股東，此舉將帳面上的一億三千萬美元的股東權益悉數抵消，換來的卻是負債。艾德佛可以這麼做，因為它的獲利實力不僅堅強，且具一致性，很少公司能夠如此，而能這麼做的公司，幾乎都具備了某種持久競爭優勢。

同樣狀況發生在百勝餐飲集團，巴菲特於二〇〇〇年買進這檔股票。百勝擁有塔可貝爾、必勝客和肯德基，一度隸屬百事公司，後於一九九六年將資產分割給一位股東。百事深知這三家連鎖餐廳獲利能力驚人，於是趁資產分割前借了四十五億美元的長期負債，將百勝的淨值消耗殆盡，這對多數公司而言都是場災難，但百勝除外。它的獲利能力如此強勁，以致三年內便還清二十億美元負債。

當一家公司的淨值為零，觀察重點是總資本報酬率。艾德佛和百勝於二〇〇〇年的總資本報酬率均為三五％，從巴菲特歷年的投資看來，他只對總資本報酬率都不低於二〇％的公司進行投資。

巴菲特明白，總資本報酬率居高不下代表持久競爭優勢。至於銀行和金融公司，他會依總資產報酬率決定這家公司是否有持久競爭優勢。

三、正確的歷年獲利紀錄

持久競爭優勢能不斷製造優異獲利，作為判斷公司獲利能力是否具一致性的依據，而一致則代表持久。一家公司可能具備持久競爭優勢，但由於管理階層不適任，導致每年的每股盈餘大幅波動。巴菲特不僅要求每股盈餘的紀錄良好，而且呈向上走勢。每股盈餘的定義是

表13.6

A公司		B公司
每股盈餘（元）	年度	每股盈餘（元）
1.07	92	（1.57）虧損
1.16	93	0.06
1.28	94	0.28
1.42	95	0.42
1.64	96	（0.23）虧損
1.60	97	0.60
1.90	98	（1.90）虧損
2.39	99	2.39
2.43	00	（1.25）虧損
2.60	01	0.99

淨利除以流通在外股數，提供每股盈餘歷年紀錄的，包括價值線、雅虎和msn.com。

你的投資標的的每股盈餘比較像表13.6中的A公司還是B公司？

A公司歷來每股盈餘不僅強勁且步步高升，可見A公司應該是具備持久競爭優勢的公司。B公司的獲利震盪幅度大到難以預測，顯示它是一家競價型的公司。

對具備持久競爭優勢的公司來說，最理想的買點是當股市下挫時，就像巴菲特開始買進H&R金融服務公司、賈斯汀工業、百勝餐飲集團，或是趁公司業務受挫導致目前獲利下降，如巴菲特買進耐吉、蓋可保險，以及他最初買進美國運通時。

股市不振和恐慌易於辨識了解，但若不幸事件導致公司淨利下降，則在投資前必須詳察，或許整個產業碰到不景氣，或是單一部門出問題。巴菲特

表13.7

C公司		D公司
每股盈餘（元）	年度	每股盈餘（元）
1.07	92	1.07
1.16	93	1.16
1.28	94	1.28
1.42	95	1.42
1.64	96	1.64
1.60	97	1.70
1.90	98	1.90
2.39	99	2.39
1.75	00	2.43
0.52（銳減）	01	1.22（突發虧損）

相信，如果公司的偶發事件能被解決，而且造成股市反應過度時，就是絕佳的進場時機。

具持久競爭優勢的公司受挫時，每股盈餘會像表13.7的C公司或D公司：

C公司的長期獲利紀錄良好，但從二〇〇〇年獲利急轉直下，這種情況立即引起懷疑，並該徹底調查以判斷驟降的本質。獲利下降是異常現象，或警告某件事即將發生？這可以被修正嗎？

D公司的獲利紀錄也很良好，但在二〇〇一年突然出現虧損，這也滿可疑的，詳加調查後發現，該公司面臨偶發但可解決的問題，但長期獲利潛力仍不可小覷，這就好比汽車工業，在經歷連續七、八年巨幅獲利後，接著是二到四年的嚴重虧損。巴菲特說，面對可疑狀況時，投資標的的魅力會使人恍然大悟，絕大多數投資人都是悲觀短視，而股市就像溪流，偶爾讓你找到一大塊金礦，大到要瞎了才看不到。

記住：在觀察一家具持久競爭優勢的公司時，注意每股盈餘不僅要高，而且呈向上趨勢，競價型企業的每股盈餘則往往震盪劇烈。公司出現虧損時，你必須抱持懷疑精神，唯有經仔細分析，且徹底了解投資標的的品質後，才可以逕行投資。如果還不放心，先去看場電影，等待股市把下一顆球投給你。

四、當負債使巴菲特緊張

具持久競爭優勢的最佳指標，是當一家公司相對上沒有長期負債時。巴菲特發現，因為這類公司賺很多現金，因此對舉債的需求很小，甚至是零負債。競價型公司經常需要提升廠房設備，或開發新產品來超越競爭對手，因此必須舉借大額長期負債，以支應產品改良或產品多元化。

大額長期負債令巴菲特不安，原因是負債削弱企業體質，而由於不景氣與利空事件經常使企業的獲利能力減弱，因而造成現金缺口，如果公司正好大量舉債（因此利息負擔沉重），可能使存續發生問題。巴菲特的投資標的，是他確信能渡過利空、撥雲見日的公司，但若長期債務高，可能撐不過去。巴菲特的選擇性反向投資哲學，主張投資標的需具備持久競爭優勢，使它們財務健全到足以克服任何障礙。

巴菲特發現，傳統上以負債比率確定公司的財務狀況，其實不盡周延，因為除非公司破產，否則資產絕不足以償還長期負債。銀行貸款給企業，是根據企業支付利息的能力，權益只是確保債權的安全網，同樣道理適用於房貸，銀行核准房貸申請，是根據借款人的償債能力，房屋價值只是防止賴帳的擔保品。也就是說，所得才足以確保借款人有能力付利息，抵押品則是在借款人還不了錢時，銀行還能多少拿點錢回來。同樣地，公司利用現金流量來償債的能力，遠比有多少資產作為負債的後盾更重要。

巴菲特發現，以資本購置的設備，多是為不同行業專門設計，即使帳上價值不菲，其實對別人來說是一文不值，可見公司的財富在於獲利能力，而不是資產能賣多少錢。

因此，測試公司財力的最佳方法，端視它以獲利來償債的能力。具備持久競爭優勢的公司獲利能力之強，以致能在幾年內就輕鬆還清長期負債，H&R金融服務公司的長期負債為八億七千二百萬美元，但每年淨利約二億五千一百萬美元，換言之只要三年半即可將長期負債還清。青箭的長期負債低於一年淨利，所以光用一年淨利，就足以讓負債清潔溜溜。甘尼特在二〇〇〇年的長期債務與淨利分別為為八億美元與十億美元，換言之能以不到全年淨利將長期負債全部清償，同年度吉列的長期負債為二十四億美元、淨利十二億美元，大約用兩年的淨利即可清償債務。即使百勝餐飲集團的長期負債高達二十二億美元，但因為淨利高達五億兩千萬美元，也能在四年內將債務還清。

相較之下，競價型的通用汽車公司於二〇〇〇年的長期負債約一三六〇億美元，比它從一九九一至二〇〇〇年間的淨利總額三百四十億美元還高出甚多，即使把通用汽車過去十年賺得的每一分錢拿來還債還是不夠。福特汽車公司也半斤八兩，該公司過去十年來兢兢業業，共賺進三百七十五億美元，然而二〇〇〇年的長期負債卻高達一六一〇億美元。就算福特維持過去的表現，也要花三十八年才能把債還清。聽起來不太妙吧？想像你買了這麼一家公司，等到不景氣來襲，猜猜看誰的公司會因失血過多而死？

重點是——

具備持久競爭優勢的公司，長期負債經常低於目前淨利的五倍。這類公司通常有很多銀行存款、很少負債，足以解決各種疑難雜症。負債多卻不賺錢的公司，可能沒有財力為自己脫困，如此不僅有害股價表現，也傷了投資人的荷包。

例外行業：銀行、投資銀行、金融公司

如前所述，銀行、投資銀行和金融公司以鉅額的長期負債為生，因此「長期負債不高於當年淨利五倍」的規則，對這些機構並不適用。由於債務被等額貸放出去的款項抵消，因此這種大規模借款，通常不會對金融機構造成問題，除非企業界、政府和個人全都不還錢。當無法回收的債權到達某種程度時，機構將面臨無法存續的質疑，負面消息自然使股市大量拋售股票，也創造潛在買點。

巴菲特就是在這種情況下投資富國銀行，當時該銀行正受到不動產蕭條的連累，如前面所說的，居高不下的資產報酬率，充分證明這家金融機構對所有負債都做了妥善運用，而妥善用錢通常是企業健全的指標。除了富國銀行外，巴菲特也在企業存續能力受質疑時，逢低買進蓋可保險、美國運通和房利美。同樣理由也激起巴菲特對二十世紀保險公司（20th Century Insurance）與長期資本公司（Long-Term Capital）的投資興趣，但由於兩家公司都未到達巴菲特的理想價位而沒有投資。

用以收購其他企業的長期負債

具備持久競爭優勢的傑出企業，有時會以大量舉債為收購另一家公司籌資。巴菲特發現，用借來的錢併購另一家公司究竟是福是禍，端視兩個變數而定。第一，被收購的企業是否也具備持久競爭優勢。具持久競爭優勢的公司，往往不慎踏到競價型事業，結果被併購公司稀釋了併購公司的獲利能力，導致悲慘的下場。理想的情況，是兩家有持久競爭優勢的公司聯姻。

同樣道理也適用於競價型公司。你應該收購有持久競爭優勢的公司，而不是另一家競價型公司。

當長期負債被用來收購另一家公司時，要遵守這幾項原則：

- 持久競爭優勢的公司結合時，會是一樁少見的良緣，它們聯手製造許多額外現金，合併不久便可將鉅額負債償清。你可以趁利空買進，即使背負可觀的債務，仍可期待合併後的公司財力足以扭轉頹勢。
- 一家有持久競爭優勢的公司，與一家競價型公司聯姻時，結果通常是不好不壞，原因是有持久競爭優勢的公司，將以本身獲利支應慘澹的大宗物資型的業務，以致沒有多少錢可償還新舉借的債務。這時趁利空買進可能相當冒險，應該審慎分析而後行，心存疑慮時，巴菲特通常會靜待下個機會，你也應該如此。

買太貴的愚蠢之處

判斷收購行為是否明智的另一個變數是收購價，這也是最重要的變數。收購價過高，即使被收購公司具持久競爭優勢，也可能是個錯誤決策，這種情況經常造成許多災難，尤其當一家具備持久競爭優勢的公司，花過多錢買一家競價型公司時更是如此。更糟的是，若收購公司以換股進行交易，將導致所有權被稀釋，若以舉債收購，將使財務嚴重吃緊。

在一九九九年，製造一系列具備持久競爭優勢產品的大型玩具公司美泰兒，以自家公司的股票換取學習公司的股權，導致美泰兒所有權被稀釋近三分之一。學習公司經證實在市場上不具持久競爭優勢，沒多久就使風光一時的美泰兒嚴重失血。

所以，當你想從利空當中獲利時，試著判斷這家公司是否具備持久競爭優勢，以及財務是否保守。巴菲特發現，在股市一片短視近利的氣氛下，具持久競爭優勢且財務保守的公司，才是最安全的選擇。

五、真正具競爭性的產品或服務

如果一家公司的股東權益報酬率和總資本報酬率居高不下、獲利呈向上趨勢且財務穩健，接著要了解公司銷售的產品或服務，是否具備持久競爭優勢。這家公司賣的是品牌產品，還是大眾或企業不可或缺的重要服務？由於產品比服務容易辨識，不妨先從產品開始。問你自己以下問題：這種產品是商家營業所必備嗎？如果商家擁有同類產品卻非同品牌，會影響它的業績嗎？

如果業務具備持久競爭優勢，而你對行業卻一竅不通，試著從網路、雜誌和書籍中，找尋與公司或產業有關的資訊，這些都是巴菲特一貫使用的資訊來源（只要和投資標的有關的書籍，巴菲特經常會從頭到尾讀完。在考慮投資食品業巨擘康艾格拉時，他弄來一本有關該公司歷史的書，而且還是本私人出版的書）。

查看一遍價值線投資調查報告，列出哪些公司的權益報酬率和總資本報酬率居高不下、獲利強勁且呈現向上趨勢，列出這些公司的產品並拜訪零售商。和每天與這些產品為伍的銷售員聊聊，打聽產品在同業中究竟是數一還是數二，別把錢投入排名第三或第四的產品，你要的是上市多年卻一成不變的品牌產品，如果你記得你的父母用它、吃它、喝它、抽它，或拿它做其他用途，通常是個好徵兆。長壽的品牌產品等同持久性，持久則是勝利的關鍵，如果你對產品一竅不通，找個懂的人來問，例如藥局、製造商、修車技師、電腦銷售員、雜貨店店員等，他們會告訴你產品的來龍去脈與今昔的銷售成績。

你要的是消費者一直需要的產品，而不是每個人一輩子只買一次的東西。最簡單的辨識法，是買了後很快就用完的物品，例如速食漢堡（麥當勞、溫蒂、漢堡王）、比薩（必勝客）、炸雞（肯德基）當然還包括塔可（塔可貝爾）。還有一些產品，是我們在短時間內就會購買並使用的，像是雜誌（時代明鏡）、咖啡和香菸（菲利普莫里斯）、糖果（賀喜）、口香糖（青箭）、汽水（可口可樂與百事可樂）、褲襪（L'eggs，已納入莎莉旗下）、衛生棉條（蓓泰絲〔Playtex〕）、牙膏（寶鹼）、家庭用品（高露潔）、藥品（默克藥廠）。此外還有一些物品是經常使用，但會在一、兩年內用壞的：牛仔褲（李維）、運動鞋（耐吉）、內衣（莎莉）、衣服（麗詩加邦），最後是汽車保險（蓋可，全州）。

重點是——

前述都是消費者在一年內會買好幾次的東西。重複購買導致有利可圖的競爭優勢，如果公司能不斷產銷相同產品、無須做任何修正，且年復一年使用同一套製造設備，足見其競爭優勢的持久性。

每天使用且很快得替換的東西

一八九五年，當金恩・坎普・吉列（King Camp Gillette）在皇冠軟木塞（Crown Cork）工廠工作時，有同事要他發明一樣跟軟木瓶塞很像、很快被用壞，且客人會一再回購的東西。有天他在刮鬍子時，突然想到男人可能需要用過即丟的刮鬍刀，於是便花了八年來開發，並為全球第一片拋棄式刮鬍刀購置生產設備。第一次世界大戰期間，吉列賣了三百五十萬個刮鬍刀和三千六百萬片拋棄式刀片給美軍，當士兵從歐洲返鄉時，他們不僅臉頰光光，而且還需要再買些刀片裝在吉列刮鬍刀上。吉列就是靠這三百五十萬名美國大兵建立起他的刮鬍刀王國。

另一個好方法，就是站在一間便利店、超市、藥局、酒吧、加油站或書店外，想想哪些品牌產品是這些店家非賣不可的。也就是說，除非店經理腦筋秀逗，否則哪些產品是非賣不可？把這些全部列出來。

現在到店裡檢視這些產品，如果生產者做過適度廣告，它們應該不難辨識。一般人可立即辨認的品牌產品，通常具備某種持久競爭優勢。

辨識哪些商家的服務具持久競爭優勢，遠比前述困難許多。檢視行業的經濟力，也可以判斷一家企業究竟具備持久競爭優勢，還是屬競價型。詢問該公司提供的服務，是否為企業日常營運所必要，如果服務對象為個別消費者，問消費者是否一直需要它。服務如同產品，消費者愈常需要，益發能凸顯競爭優勢所在。過去曾讓巴菲特眼睛為之一亮的廣告業，包括電視網（首都）、廣告公司（奧美）、報紙（《華盛頓郵報》、甘尼特、《騎士報》），它們是大家日常所需且切身相關的服務，此外還有重要金融服務的提供者，例如：提供個人與企業每日所需金融服務的銀行（富國銀行），以及企業清潔服務（服務王）。

不過，即使企業因為某個品牌產品或服務，因而在市場上具備競爭優勢，不表示該公司就是理想投資標的，因為管理階層可能無法將產品或服務的持久競爭優勢發揮到極致。因此，務必使用量化或質化篩檢，判斷某公司是否真的具有持久競爭優勢。

六、有組織的勞工如何對你的投資造成傷害

競價型公司在先天上的財務弱點，給予勞工團體極大權力，要求分得更多利潤，尤其當

一家公司斥鉅資購置設備，伴隨高固定成本時更是如此。飛行員罷工使航空公司一夕間癱瘓，以致產生鉅額損失，原因是擁有與維護一架飛機的成本高得驚人，更何況是閒置不用，管理者必須對飛行員的要求言聽計從，否則就得冒險承受無法彌補的傷害。

同樣情況發生在汽車製造業，只要獲利一有起色，工會便開始要求加薪，如果管理者拒絕配合，工會成員就以罷工使公司無法運作，於是獲利可能立時轉為虧損。在這種狀況下，工會成了指東道西的「準業主」，股東必須不斷交出自己的財富，否則就得甘冒罷工的危險，然而罷工卻又可能為企業的財務帶來災難，總之巴菲特不喜歡買進有組工會的公司。

具備持久競爭優勢的公司很少有工會。這些企業的經濟實力，足以克服勞方的所有罷工行為，正因為這些企業通常獲利較豐，因此有能力多付些錢給員工，讓每個人皆大歡喜。如果你發現一家具備持久競爭優勢的公司，但強勢的勞工團體卻予取予求，這時你就該慎重考慮。即使這家公司強到足以克服利空事件，但未來二十年都不該納入投資組合中。

七、釐清產品或服務能否隨通貨膨脹調整價格

通貨膨脹使物價上漲。但當人工與原料成本上漲時，生產過剩的競價型企業可能被迫以降價刺激買氣，導致成本高過產品售價，然而這絕非經營事業之道。這時企業只好減產以消化過剩供給，但得花些時間才行。供需定律需要時間才能發揮作用，在此期間的損失將積少

成多，於是企業存活力便日益衰弱（牧場主人經常面臨這種兩難。雖然牲口跌價，但飼料、燃料、工資、保險、獸醫和放牧土地等成本仍持續上升，萬一錯估次年秋天的牛隻價格，可能使家庭牧場陷入抵押品被流當的命運）。

每隔一陣子，航空業也會發生這種事。航空業的固定成本不僅沉重，而且種類一應俱全，從飛機、油料、飛行員的工會合約、地勤人員、機師乃至空服員等，而且會隨通貨膨脹增加。偶爾來個價格戰或意外災難，就弄得民眾人心惶惶，航空公司只好降價以填補空位。想從紐約飛到洛杉磯嗎？六家以上的航空公司搶著做你的生意。只要有一家公司大幅降價，其他都跟著倒楣。六〇年代從奧瑪哈到巴黎的來回機票要價高於一千美元，最近搭聯合航空只需四百三十九美元，過去三十年來，飛機、油料、飛行員、地勤人員、機師甚至難以下嚥的飛機餐，成本都漲到原來的四倍多，但機票價格還是一路往下掉，這對航空公司來說當然不是好事。現在你知道航空公司為何會因為一個錯誤而破產。

競價型公司的生產成本隨通膨增加，但產品售價卻愈來愈低，這種狀況豈止一個「慘」字了得。

持久競爭優勢公司與通貨膨脹

巴菲特認為，有持久競爭優勢的公司可以隨通貨膨脹調整售價，卻不影響需求，無論經濟過熱到何種地步，企業獲利依舊不受影響。H＆R金融服務公司、耐吉、可口可樂、賀喜、美泰兒和全州保險等，都曾隨通膨漲價，但需求卻沒有降低。不過持久競爭優勢和通貨膨脹間最有趣的，在於產品售價上漲也導致獲利上升，從而提高企業價值。解釋如下：

比如說，賀喜每年都賣出一千萬個巧克力棒，每個巧克力棒賣四毛，其中兩毛為賀喜的利潤，因此賀喜在一九八〇年賣巧克力棒的利潤，等於賣出的巧克力棒數（一千萬），乘以每根利潤（兩毛），也就是兩百萬美元。

現在來到二〇〇〇年，每樣物品都因通貨膨脹而比八〇年代漲了一倍，換言之現在每根賀喜巧克力棒的製造成本是四毛錢。於是公司將定價調漲為八〇年代的兩倍，也就是每根賣八毛錢，利潤四毛錢。假設賀喜在二〇〇〇年賣出一千萬根巧克力棒（和八〇年的銷售量相同），則賀喜在二〇〇〇年的利潤為四百萬美元，也就是一九八〇年利潤的兩倍。

接下來的情況很有趣。如果二〇〇〇年賀喜流通在外的股數，與八〇年代同為四百萬股，相當於每股盈餘為一美元。那麼儘管賀喜在二〇〇〇年賣出與一九八〇年同樣數量的巧克力棒，每股盈餘還是有一美元，比八〇年的每股〇．五美元來得多。將賀喜的每股盈餘一美元乘以十五（一九八〇年的本益比），得出每股股價十五美元，比一九八〇年的每股股價高出七．五美元。

由此可知，賀喜在二〇〇〇年的生產量不用比一九八〇年高，它既不需雇用更多員工，也不必擴充廠房，只要隨通貨膨脹漲價即可。漲價提高利潤，公司股價隨之上揚。

別興奮過度，以為通膨必定是累積財富的工具。錯了。售價加倍時，原始成本也必須加倍，才能買到相同數量的東西，至於有持久競爭優勢的公司，只不過提供一個隨通膨增值的投資工具而已。

再說一遍，競價型公司可能發生成本提高、售價下跌的狀況，導致股價大跌，然而具備持久競爭優勢的公司，卻允許你隨生產成本上升調漲售價，換言之企業的價值及股價至少和通膨同步。巴菲特發現，持久競爭優勢的企業基本上是「通膨不沾鍋」。

八、正確營運成本

有持久競爭優勢的公司，往往不需將大部分保留盈餘用來維持營運；此處關鍵字是「維持」。理論上，企業的持久競爭優勢愈大，愈不需花錢來維護。巴菲特眼中的完美企業，完全不必花錢維持競爭優勢，它們所賺的每一塊錢，都可作為股利或轉增資，後者就理論來說，將使股東更為富有。

有個簡單的數學公式，可以評估維持競爭優勢所需的資金，以及管理階層用保留盈餘為股東增加財富的能力。這個計算式評估企業在某段期間內的保留盈餘，對獲利能力所造成的影響。有持久競爭優勢的公司以保留盈餘擴充營運規模、投資新事業或買回自家股票，三者對每股盈餘都有正面影響。競價型公司在面臨強敵環伺之際，必須用保留盈餘維繫事業，以致幾乎沒有餘力從事投資或買回自家股票。

以下幾個例子，讓你更了解整個運作模式。

H&R金融服務公司

一九八九年，H&R金融服務公司的每股獲利一・一六美元，也就是說，該公司截至一九八九年的累積資本，為股東每股共賺進一・一六美元。從一九八九年底至九九年底間，該公司每股盈餘十七・一四美元，其中共發放股利九・三四美元，換言之十年間每股股東權益共增加七・八美元（一七・一四減九・三四）。

這段期間，H&R金融服務公司的每股盈餘則從一九八九年的一・一六美元增加到九九年的二・五六美元。獲利提升除了要歸功於它的持久競爭優勢外，也和管理階層在八九至九九年間，將每股七・八美元的保留盈餘加以妥善投資有關。

如果將一九九九年的每股獲利二・五六美元，減去一九八九年每股獲利一・一六美元，結果為一・四美元。也就是說，運用這一九八九年至一九九九年間所保留的每股七・八美元，H&R創造了一九九九年增加的每股獲利一・四美元，換算保留盈餘報酬率為一七・九%（一・四除以七・八）。

青箭公司

一九九〇年，青箭公司的每股盈餘為一美元。從一九九〇年底至二〇〇〇年底間，該公司每股共獲利二十．一二美元，其中十．五七美元為股利，因此這段期間，青箭公司增加的保留盈餘為每股九．五五美元（二〇．一二減一〇．五七）。

從一九九〇至二〇〇〇年間，青箭的每股盈餘從一美元增加為二．九美元，成長了一．九美元。也就是說，運用一九九〇年到二〇〇〇年的每股保留盈餘九．五五美元，青箭公司創造了二〇〇〇年增加的每股獲利一．九美元，換算保留盈餘報酬率為一九．九％（一．九除以九．五五）。

通用汽車

將以上兩家有持久競爭優勢的公司，和競價型公司通用汽車做一比較。

一九九〇年底至二〇〇〇年底間，通用汽車的每股盈餘共四十二．九六美元，其中發放股利十．三美元，剩餘的三十二．六六美元則保留下來。而通用汽車的每股盈餘，從一九九〇年的六．三三美元增加至二〇〇〇年的八．五美元，成長了二．一七美元；也就是說，通用汽車運用保留的每股三十二．六六美元只創造了每股盈餘增加二．一七美元，所以保留盈餘的報酬率為六．六％（二．一七除以三二．六六），相當於銀行存款利率。

伯利恆鋼鐵

一九九〇年，另一家競價型的伯利恆鋼鐵（Bethlehem Steel）公司，每股盈餘為〇・八二美元。伯利恆鋼鐵從一九九〇年底至二〇〇〇年底，每股共賺進四・九三美元，其中每股發放股利〇・八美元，所以每股保留盈餘為四・一三美元。

而到二〇〇〇年時，伯利恆鋼鐵的每股盈餘從〇・八二減少至〇・二五美元，獲利降低恐怕是因為伯利恆鋼鐵屬於競價型公司，雖將資本耗盡，但卻無助於提升股東財富。如果將二〇〇〇年的每股盈餘〇・二五美元，減去一九九〇年底的每股盈餘〇・八二美元，結果為負的〇・五七美元，也就是說，在一九九〇年至二〇〇〇年間，伯利恆鋼鐵並沒有運用保留的每股盈餘四・一三美元創造出什麼利潤。

要鋼鐵業發展競爭優勢簡直難上加難。

無法利用保留盈餘賺錢，對投資也一竅不通的公司

即使不知道以上四家公司從事什麼行業，還是看得出H&R與青箭在分配保留盈餘時，成效比通用汽車和伯利恆鋼鐵更好。事實上，如果你在一九九〇年投資通用汽車十萬美元，再用二〇〇〇年的高點賣出，你將獲得淨利十四萬一千零二十五美元，約等於年複合報酬率九・一%。如果把同一筆錢投資伯利恆鋼鐵，則約損失四萬美元。

如果你在一九九〇年對青箭公司投資十萬美元，再於二〇〇〇年的高點賣出，創造的淨利約為五十六萬美元，年複合報酬率約為二〇％。投資H＆R金融服務的淨利為二十九萬九千九百六十美元，年複合報酬率約一四．八％。

那麼，從一九九〇至二〇〇〇年間，你想持有什麼股票？是競價型的通用汽車和伯利恆鋼鐵，還是持久競爭優勢的H＆R與青箭公司？答案非常明顯。

前述的比較並非零缺點。注意比較時所用的每股盈餘並非特例，而是公司獲利能力的指標，比較的好處，讓身為投資人的你，在短時間內判斷一項投資標的是否為一家具備持久競爭優勢的公司，管理階層能運用保留盈餘來提高股東財富；抑或它是競價型公司，只能將保留盈餘用來維持現況。別忘了這項比較只是九項篩選條件之一，若你身處灰色地帶，務必用其他方式做出明確判斷。

總而言之，有持久競爭優勢的公司在配置資源時往往左右逢源，它們不僅更懂得妥善運用保留盈餘，長期下來還讓股東更有錢。競價型公司也能將盈餘保留，但由於維持現狀就要花費高成本，因此無法將盈餘用來使未來獲利大幅成長，換言之這類公司的股價表現普通，或是根本無表現可言。

九、公司能買回自家股票以造福股東嗎？

了解一家公司是否具備持久競爭優勢，最好看它過去是否有買回自家股票的紀錄。公司若想長期進行股票買回，必須有充沛的閒置資金。具備持久競爭優勢的公司，有足夠的經濟實力長期執行股票買回，像是H＆R金融服務公司，就在一九九〇至二〇〇〇年間共約買回九百萬股。

競價型企業很少有閒錢買回股票，反而是發行更多股票，為需錢孔急的事業籌資。伯利恆鋼鐵發行在外的股數，從一九九〇年的七千五百萬股，增加為二〇〇〇年的一億三千兩百萬股，同期間通用汽車流通在外的股數則增加了三千萬股。

股票買回的動能

公司以資本買回自家股票時，實際上是買回自己的財產，為繼續持股的股東提高未來的每股盈餘。舉例來說，如果你和兩位朋友合夥，每人持股三分之一，當合夥獲利時，每位合夥人均分得三分之一。如果合夥組織以合夥基金將其中一位合夥人的所有權買去，剩下兩位合夥人將各自持股五〇％和獲利分配權。換句話說，餅還是一樣大，只是原本切成三塊，現在卻切成兩大塊。

上市公司買回股票會使每股盈餘上升導致股價上揚，股東更富有。以下是運作方式：

H&R金融服務公司於一九九〇年流通在外股數約一億零六百萬股，二〇〇〇年為九千七百萬股，股數減少是因為公司在這段期間積極買回股票所致。每股盈餘的算法，是將淨利除以流通在外的股數，H&R金融服務公司二〇〇〇年公布淨利約三億七千萬美元，除以流通在外的九千七百萬股，等於每股淨賺三·八一美元。將三·八一乘以十五倍的本益比，得出的股價為每股五七·一五美元。

如果H&R未依計畫買回股票，則二〇〇〇年流通在外的股數將與一九九〇年同為一億零六百萬股，相當每股盈餘三·四九美元。將三·四九乘以十五倍本益比，得出股價為每股五十二·三五美元。

本例的重點是，H&R的股票買回將每股盈餘提高了〇·三二美元，也使股價增加。如果H&R的股東在這段期間並未出脫持股，則將因流通股數減少而受益，每個人也將分得更多淨利。

當然，如果H&R不具持久競爭優勢，因而沒有充沛的閒置資金，則前述的一切終將不會發生。

運用股票買回提升財富

巴菲特在投資一家有持久競爭優勢的公司後，會鼓勵公司董事會在股票買回計畫上增加支出，原因是公司進行股票買回，使流通在外的股數減少，於是就這樣不費吹灰之力，提高他在公司的持股比重。

運作模式如下：假設公司流通在外的股數為一億股，巴菲特持股一千萬股，相當於一〇%的持股比例。如果這家公司於次年在市場上買回四千萬股，使流通股數減為六千萬股，巴菲特無須投入更多資金，便將持股比從一〇%增加為一六．七%，等於是花公司的錢來增加他的持股比例。

現在這麼想吧，如果公司將用來買回股票的錢發放，則巴菲特必須對股利收入繳納所得稅，表示將損失三〇%。然而一旦公司買回自家股票，巴菲特不僅可以避稅，還能提高他的持股比。接下來讓我們看一個真實案例。

波克夏以一千零二十萬美元買下《華盛頓郵報》約一〇%股份。二〇〇二年波克夏持股約一七．二%，持股比重會增加即是拜《華盛頓郵報》的股票買回計畫所賜，也是在巴菲特加入《華盛頓郵報》董事會不久後鼓吹而成的。當時《華盛頓郵報》的市值約五〇．二億美元，若沒有將股票買回，波克夏的持股比依舊為一〇%，價值約五．〇二億美元；但由於

《華盛頓郵報》果真買回股票，使波克夏持股提高為一七．二％，相當於八．六三四億美元。換句話說，《華盛頓郵報》的股票買回計畫，使波克夏的持股淨值增加三億多美元。

波克夏於一九八〇年首次投資蓋可保險時，巴菲特也做過同樣的事，他以四千五百七十萬美元取得該公司三三％的流通在外股數。到了一九九五年，蓋可在董事會的鼓吹下買回股票，也將波克夏的持股增加到將近五〇％，蓋可當年的股票市值約四十七億美元，如果波克夏於一九九五年仍僅持有三三％的股份，則股份總值約一五．五億美元，然而股票買回使波克夏的持股增加為五〇％，使它在一九九五年的持股價值增加為二十三．五億美元，蓋可買回股票，就使波克夏持股的淨值增加約八億美元，這讓巴菲特領悟增加持股卻無須投入更多金錢的方法。這是另一個使他致富的小訣竅，也是他常用的方法。

讓我們回顧一下；因為具持久競爭優勢而獲利的公司，擁有充沛的現金，也因此有錢進行股票買回。另一方面，競價型公司需錢孔急，使股票買回變得難上加難。股票買回的神奇之處，是用公司資金提高股東持股比，自己卻不必花一分錢。

十、保留盈餘能提高公司的市場價值嗎？

巴菲特相信，如果能用合理價格買進有持久競爭優勢的公司，公司的保留盈餘將繼續為企業創造價值，市場也將不斷推升公司股價，而這一切的關鍵，在於公司能否妥善配置資金，不斷提高公司淨值。最佳例子是巴菲特自己的波克夏哈薩威，一九八三年該公司每股帳面價值為九百七十五美元，每股成交價約一千美元（帳面價值等於資產減負債。成交價是股票在證券交易所賣出的價格）。十八年後的二〇〇一年，該公司每股帳面價值約四萬美元，每股成交價約六萬八千美元，表示波克夏的帳面價值約增加四〇〇二%、股價上漲六八七四%。巴菲特提高公司淨值的方法，是利用保留盈餘買進具持久競爭優勢公司的全部或部分股權，隨著公司淨值增加，公司的市場評價也水漲船高，於是股價隨之上揚。

不過競價型公司就不同了，它雖將多年盈餘保留下來，卻從未提高公司的股票價值。一九八三年，通用汽車的每股帳面價值三十二．四四美元，每股成交價約三十四美元。二〇〇一年，通用汽車每股帳面價值約三十六美元，股價在五十五美元上下。通用汽車這十八年來的帳面價值只提高一〇%、股價上升五二%。

我還寧可選波克夏。你呢？

這是個簡單的篩選法：只要檢討一家公司歷來股價與每股帳面價值的漲跌即可。至少以十年為單位，具備持久競爭優勢的公司將呈現股價與帳面價值雙雙走揚的現象。

記住：最終目標是趁這些公司受利空消息困擾，導致短視的股市讓股價下跌時。你要找的，是「最近」股價下挫的股票，而不是十年來一事無成的股票。

巴菲特投資法速記

前述十種選股方法，可用以確認一家公司是否具備持久競爭優勢。巴菲特想擁有這類股票，因為它的長期經濟價值大有可觀，必能在短視的股市超賣後回復元氣。現將這十個用來篩選的問題摘要如下：

- 股東權益報酬率居高不下（高於一二％）嗎？這象徵持久競爭優勢的程度與可能性，一旦短視的股市對企業的不幸事件反應過度，公司將快速回復元氣。關鍵是高報酬率的「一致性」。
- 總資本報酬率居高不下嗎？對於銀行或金融公司，巴菲特會觀察其總資產報酬率是否大於一％，以斷定該公司是否具備某種持久競爭優勢。
- 獲利呈向上走勢嗎？有持久競爭優勢的公司，最引以為豪的莫過每股盈餘強勁且不斷上揚。
- 財務保守穩健嗎？有持久競爭優勢的公司，長期負債通常不超過淨利五倍。
- 公司因為品牌產品或服務，在市場上占有競爭優勢嗎？這一點不等於持久競爭優勢，但卻是很好的起點。使用量化／質化篩選法，判斷公司是否真的具備持久競爭優勢。
- 員工有加入工會嗎？擁有勞工團體的公司很少具備持久競爭優勢。

- 能夠隨通貨膨脹漲價嗎？有持久競爭優勢的公司，能夠隨生產成本的增加而調漲價格，表示公司價值與股價至少跟得上通貨膨脹的腳步。
- 公司如何分配保留盈餘？有持久競爭優勢的公司比較有盈餘可保留，也比較能自由運用盈餘使淨利增加，從而提升股價，為股東創造財富。
- 公司買回自家股票嗎？有持久競爭優勢的公司因現金充沛，可以買回股票。股票買回等於用公司資金為股東提高持股比例，無需股東自掏腰包。
- 公司股價與帳面價值有節節高升嗎？有持久競爭優勢的公司十年間的股價與帳面價值通常不斷向上提升，競價型公司的股價在同段時期內往往沒有作為，有時為了保持競爭性，導致帳面價值嚴重失血。

14 如何從未上市公司中挖寶？

巴菲特早就發現，一些未上市公司藉由發展區域內壟斷或品牌產品，而建立起持久競爭優勢，讓公司股東致富。

令他驚訝的是，這些企業的售價，往往比同類型的上市公司便宜許多。換言之，他只需用稅前盈餘的四到六倍就能買下這些企業，接著立即獲得一六％到二五％的投資報酬率（你我顯然多半是買不起一整家企業。不過，請注意巴菲特在買進部分持股的時候，也是用相同的邏輯）。

這些企業不僅身經百戰，且擁有輝煌歷史。製造品牌產品的公司有良好的成長潛力，然而區域內壟斷的公司，成長力道卻受到限制，由於無法擴充營運，使區域內壟斷事業無法進一步增值，然而巴菲特的波克夏也能夠利用這種企業來累積財富，再把賺得的現金投資在別處。不妨將這種公司想像成稅前報酬率為一六％至二五％的優質債券，而且報酬率隨通貨膨脹提高，這還是真正的債券做不到的。

波克夏買進的許多未上市公司，完全由一個家族擁有並管理，因此創造強大的員工向心力和獨特的企業文化，許多人身兼業主和管理者，即使公司被收購，仍希望留在事業打拚，不願見到自己一手創造的文化被毀。這些年來，波克夏一方面讓這些業主家族賺到現金，也保留他們一生努力創造的事業，因而成為受歡迎的買家。以下是波克夏收購的幾家公司，讓讀者了解這套策略的運作情形。

內布拉斯加家具大賣場

一九八三年，巴菲特介入內布拉斯加家具大賣場，這是家位於奧瑪哈的家具店，在地方上壟斷四十多年。這家店的老闆是位八十九歲的俄國移民，名叫布朗金（Rose Blumkin），人稱「B太太」。這位運籌帷幄的女老闆以誠實和低價著稱，巴菲特一找到她，便驕傲地宣布當天是他的生日，因此他想買下她的店。B太太立即出招，表示願意開價六千萬美元，而且一毛都不能少。巴菲特回答：「成交！」他走出店門，一小時後帶回一張支票。她問巴菲特，在交出支票前，是否需要請會計師來店裡查帳，巴菲特答道：「不用，我倒比較相信妳。」

這家店的稅前淨利為一千四百五十萬，以售價六千萬計算，相當初期稅前報酬率為二四％。最後波克夏取得這間店八〇％的股權，剩餘二〇％則由B太太及其子女保留，他們並要求留在店裡工作，這也是B太太最愛做的事，而且風雨無阻。到一九九三年，大賣場的稅前淨利增加為兩千一百萬美元，若以一九八三年的六千萬美元投資成本計算，相當於三五％

的稅前報酬率，賣場的稅前淨利以年複利率三．七%成長，相當這段期間的通貨膨脹率與奧瑪哈的人口成長率。換言之，當波克夏買進賣場時，等於是買進初期稅前報酬二四%，隨後逐年成長三．七%的債券。

內布拉斯加家具大賣場的持久競爭優勢，在於為奧瑪哈地區提供低成本的地毯、家具、電子產品和電器。

這家老店有超過一萬兩千坪的賣場，以及兩萬八千餘坪的倉儲，無論產品選擇與價格均為對手所不及，該公司之所以威力十足，是因為零售與批發店面早已回本，且有雄厚財力可大量進貨，因而能要求製造商給予大幅折扣。較低的營運成本與進貨成本意味著售價較低，由於顧客知道這家店貨色齊全又便宜，根本懶得再到別處訪價。超高的存貨周轉率，彌補利潤薄的缺憾，而「薄利多銷」就是內布拉斯加家具大賣場的祕訣。

若想取得同樣寬敞的零售與倉儲空間，將面臨龐大的建造或租賃成本，各種費用使競爭者幾乎無利可圖。

巴菲特發現，每個都會區都會有類似內布拉斯加家具大賣場的家具零售商，取得區域內的壟斷地位，因此他想盡量多收購幾家這類型企業。除了內布拉斯加家具大賣場外，他還買進了位於鹽湖城的「威利家具公司」（R.C.Willey Funiture）、休士頓的「明星家具」（Star Furniture），以及獨霸新罕布夏與麻州市場的喬丹家具（Jordan's）。

時思糖果

波克夏於一九七二年買進時思糖果（See's Candy），這家糖果製造及零售商的總公司位在加州。自二〇年代營業至今，時思就擁有一群熱愛特製巧克力的死忠顧客，因而造就其持久競爭優勢。

波克夏以兩千五百萬美元買下時思的那一年，該公司的稅前淨利為四百二十萬美元，替波克夏賺進一六・八％的初期稅前淨報酬率。一九九九年，時思的稅前淨利為七千四百萬美元，以一九七二年的投資成本計算，稅前報酬率相當於二九六％。時思稅前獲利的年成長率高達一一・二％，通貨膨脹再加上零售店面增加都助益了成長。對巴菲特而言，時思糖果一直是他甜蜜的投資。

購入上市公司轉為私有

巴菲特發現，有時上市公司甚至可以在市價低點全部買下，以獲得較高的投資報酬率，此類公司往往歷史悠久，以生產品牌產品、經營通路、低成本的生產及服務，或經營壟斷事業等方式取得持久競爭優勢。

以下是幾家過去波克夏買下的企業：

約翰曼菲爾玻璃公司

波克夏於二〇〇〇年買進約翰曼菲爾玻璃公司，也是美國最大的隔離產品、商用及工業用屋頂、過濾系統與纖維墊的製造商。波克夏以十八億美元買進所有股份，而後約翰曼菲爾的每股盈餘年成長率為九．五％，優於通貨膨脹率。這也可視為波克夏買下了以九．五％年成長率增值的債券。

班哲明摩爾

波克夏也在二〇〇〇年買進班哲明摩爾的全部股份，這家頂尖製造商與零售業者成立於一八八三年，透過授權經銷商販賣高級漆、染料與工業用塗料。波克夏以十億美元買進全部持股，當年稅前淨利一億三千七百七十萬美元。首年度稅前報酬率為一三．八％。一九九九年至二〇〇〇年間，班哲明摩爾的每股盈餘以九．七％成長，超越平均通貨膨脹率。巴菲特替波克夏買下了一個以九．七％的年成長率增值的投資標的。經營通路、低成本的生產及服務，或經營壟斷事業等方式取得持久競爭優勢。

避稅的奧祕

收購案也要考慮稅賦問題。買下整家公司讓波克夏得以避開企業因業務成長而被課徵的稅賦。不妨就以時思糖果的案例說明。

假設時思糖果在波克夏介入前是家上市公司，當時波克夏並未買進全部持股，而是買進發行在外股數的一〇%。

時思每賺進一塊美金就要付出三四%營利事業所得稅，使每股獲利減少為〇．六六美元。〇．六六美元的稅後淨利可能成為保留盈餘，累積到股東權益，或是當作股利發放。如果時思將〇．六六美元發放給波克夏作為股利，則波克夏將必須為股利所得付出一四%稅款，另外一種情況是時思決定保留這〇．六六美元並累積到股東權益，則將使企業增值，而後使股價上升。一旦波克夏想實現時思的增值，則必須出脫持股，然而售股利潤（也就是股票售價與成本間的價差）須被課以三五%的資本利得稅。因此，若波克夏以每股十美元買進時思，再以每股二十五美元賣出，則十五美元的價差須被課以資本利得稅。

但由於波克夏買進時思的全部股份而非僅一〇%，時思為波克夏創造的任何收益，將不必被課徵一四%股利所得稅。如果波克夏出售持股，則在計算稅賦時，時思在波克夏持股期間所保留的盈餘，將被加入波克夏的購價當中。在此情況下，如果波克夏以每股十美元買進時思，而且持股期間的每股保留盈餘為八美元，則資本利得稅的課徵基礎為每股十八美元。因此，如果波克夏以每股相當於二十五美元賣出時思股票，所獲得的十五美元利潤中，只有七美元須被課以資本利得稅。金額看似不大，但若波克夏果真出脫所有的時思股票，將省下兩千五百萬美元，也就是波克夏當初買進公司的代價。可見「整碗捧去」有時比「細嚼慢嚥」更好。

巴菲特投資法速記

- 買進有持久競爭優勢的未上市公司，為波克夏賺進一三．七%至二五%的初期稅前報酬率，而且幾乎可以確定報酬率會隨通貨膨脹增加，甚至優於通貨膨脹。
- 買未上市股票比買進上市公司的少數股權，更能提供某些租稅優惠，這些企業都是波克夏以划算價格買來的金雞母。

15 巴菲特的買與賣

何時該退場？答案是：要看投資標的是否具備持久競爭優勢、業務是否發生根本變化，以及股價是否夠高而定。

巴菲特這輩子買賣的股票不下數百種，但他的大筆獲利，總來自有持久競爭優勢的公司，有時持股長達三十多年。話雖如此，只要股價夠高、出現更佳投資機會，或是當企業的基本面改變時，他仍會出脫持股。以下是出脫持股的情形，以及賣股票對財富的貢獻。

進退之道

巴菲特相信，如果運氣好，能夠以符合商業利益的價格，買進有持久競爭優勢公司的股票，就應該長抱不放。即使如此，只要股價夠高，出脫持股仍不失為合理之舉。巴菲特第一次大量賣出有持久競爭優勢公司的股票在一九六九年，之前的多頭持續了六〇年代大半，股市於一九七一到七二年間泡沫破滅後開始崩盤。巴菲特用至少五十倍的本益比將股票售出，到七三、七四年間，這些股票的本益比跌到個位數字。巴菲特退場時告訴投資伙伴說，身為價值投資人的他，再也找不到任何投資標的，因此決定退出戰局（還記得嗎？價值導向的投資人退場，表示泡沫已經成形）。

巴菲特第二次賣股票是在一九九八年，當時波克夏的投資組合中，很多檔股票已經漲到五十倍本益比的歷史新高，甚至超過五十倍。他聰明地處分掉波克夏的大量持股，用所得買進現金雄厚的保險巨擘通用再保險（General Reinsurance）全部股份，而且交易完全免稅。

巴菲特認為，當股票的本益比，從平常的十到二十五倍，漲到四十幾倍時，股市必定處在大規模投機當中，也表示該退場了。他深知自己投資的公司，不可能超過四十倍本益比，讓我們來看以下例子。

一九九八年，可口可樂的每股盈餘為一．四二美元，而且過去十年來，獲利的成長率一直都是健康的一二％。換言之，如果在一九九八年用任何價錢買進一股可口可樂，並持有到二〇〇八年，這一股共產生獲利二十四．八八美元（暫且省略租稅因素）。回到一九九八年，你願意用多少錢買進一股可口可樂？假如你用當年每股市價八十八美元買進，相當於六十二倍本益比，這樣划算嗎？另一方面，用八十八美元投資年利率為六％的公司債，每年利息收入為五．二八美元，持有十年共賺進利息五十二．八美元，你會選擇何者？是賺二十四．八八美元的股票，還是賺五十二．八美元的債券？當然是後者！因此買進年利率六％的債券，比用六十二倍本益比買可口可樂更好。

但是，如果你是花二十八．四美元，也就是二十倍本益比買進一股可口可樂呢？這可就划算多了，原因是若以二十八．四美元買進年息六％的債券，十年下來總共只賺到十七美元，比你用同一筆錢買進一股可口可樂的獲利更少。事實上，當股價愈低時，股票就愈吸引人，如果以六十二倍本益比買進可口可樂，每股盈餘的年成長率必須在三〇％到四〇％間才划算，否則債券利息就得下跌二％到三％，然而有持久競爭優勢的公司，成長率卻很少如此之高（微軟有，但它不屬於巴菲特鍾愛的企業）。

大家都知道，可口可樂在一九九八年的股價高到離譜，所以當然不應該用六十二倍本益比買進這支股票。下個問題是，如果在一九九八年買進，應該將它賣出嗎？如果再持股十年，期望的獲利為二十四．八八美元，但若你用每股八十八美元賣出，將收入投資在年息六％的公司債，十年下來將獲得利息五十二．八美元。更何況巴菲特最為人稱道的，是他有二三％的年平均報酬率績效，他在一九九八年以每股八十八美元將可口可樂賣出，再將所得投資以賺取二三％的年報酬率，這表示巴菲特的八十八美元每年將可獲利二十．二四美元，十年後累積獲利兩百零二．四美元。這個數字和繼續持股可口可樂所賺得的二十四．八八美元相比，會發現一九九八年賣掉此股還真是明智。

一九九八年，巴菲特出脫可口可樂部分持股，但他不是以盈餘的六十二倍出售，換言之他並非以當時市價售出，而是盈餘的一百六十七倍，將近市價的三倍。是誰這麼慷慨？答案是通用再保險的股東。讓我們看看這筆交易及其背後的經濟意義，以便對巴菲特的成功祕訣有更進一步認識（雖然這種交易型態是巴菲特王國所特有，非一般投資人所能及，但可以讓我們對他的投資術更開眼界）。

儘管九〇年代末的股市飆漲，但有兩件事促成波克夏收購通用再保險。首先，波克夏持股價值大幅上揚，其中幾檔股票創歷史新高，像是可口可樂的本益比六十二倍、《華盛頓郵報》二十四倍、美國運通二十倍、吉列四十倍，以及房地美二十一倍。再者，波克夏本身的股價劇烈揚升，一九九八年每股高達八萬零九百美元，相當於帳面價值二．七倍。換句話說，股市對波克夏持股組合的評價，是這些股票市價的二．七倍，如果在一九九八年以八萬零九百美元買進一股波克夏股票，等於是用一百六十七倍的本益比買進可口可樂、六十五倍買進《華盛頓郵報》、五十四倍買進美國運通、一百零八倍買進吉列，以及五十七倍買進房地美。巴菲特大可閉著眼出清持股，問題是，若將價值數十億美元的波克夏股票在市場拋售，必將使股價跌入谷底。

解決之道是找一家握有大量債券的保險公司，而且對方願意用波克夏的股票交換自己的股權。為何要找上債券公司呢？因為債券沒有高估或低估的問題，而且容易變現，情況視同定存解約，而通用再保險剛好有價值高達一百九十億美元的債券。於是巴菲特打電話給該公司執行長，詢問對方是否願意出讓一〇〇%的所有權（包含誘人的債券在內），以換取波克夏價值二二〇億美元的股票（巴菲特並未告知對方，波克夏的投資組合價值被嚴重高估，而且波克夏本身的股價也被市場高估）。通用再保險的管理階層只看到整筆交易的表象，認為條件似乎好極了。然而在巴菲特眼中，這筆交易等於是以波克夏被高估的部分持股，換取通用再保險的高流動債券，相當於賣給通用再保險的股東們九百萬股美國運通、三千五百萬股可口可樂、一千萬股房地美、一千七百萬股吉列、三十萬九千股的《華盛頓郵報》、一千一百萬股富國銀行，以及波克夏投資在其餘公司的一七．九%股份。波克夏付給通用再保險股東價值二二〇億美元的股票中，一百七十八億美元屬於波克夏帳上被高估的股票，另一方面，波克夏股東握有通用再保險八二．一%的業務、價值一百九十億美元的債券，以及五十億美元的股票。可謂占盡一切便宜。

波克夏收購通用再保險的另一個美妙之處，在於這是筆免稅的併購案，換言之，巴菲特售出成本只有十三億美元、市價達到一百七十八億美元的證券，卻完全不必支付任何資本利得稅，巴菲特從通用再保險取得的債券中獲利數十億美元。天下好事莫此為甚。

重點是——

有個不錯的經驗法則，是將公司未來十年的每股盈餘加總，將結果與出售股票來買債券的獲利相比。如果債券獲利較高，最好將股票賣了，如果持股較有利，則應該按兵不動。如果想持有某公司的股票，先想想這麼做是否比買債券更有利，如果答案是否定的，就不要進場買股票。

以上方法是讓你專注在公司的基本經濟面。巴菲特說，股價終究反應一家公司的基本面，如果未來獲利不如債券利息，而股價卻被高估，表示該賣股票；相反地，如果未來獲利高於債券利息，但股價卻被低估，表示該進場買股票。規則既簡單又有效率，因此巴菲特稱這方法為**「從商業角度投資」**。

好機會不請自來

巴菲特發現，當公司的本業表現不佳時，最好出脫全數持股，轉到新的投資機會。但可別用鮮花換牛糞！如果投資標的有強大持久競爭優勢，管理階層也很稱職，那麼你該繼續持有，直到有人用天價向你購買為止。別擔心股價的短期波動，因為好公司不在乎。記住：巴菲特和比爾．蓋茲都是持有相同股票長達二十多年，才擁有今天的財富。

巴菲特說，持股時須密切注意，業務或外在環境的改變，不會將一家有持久競爭優勢的公司變成競價型公司，更糟糕的是將公司完全拖垮。他認為製造和零售業經常發生類似變化，而任何轉變都將影響業績，只要閱讀每季損益表就知道了。巴菲特說，一般人幾乎不可能在金融機構中，看到災難正在成形，因為它們總有辦法粉飾太平，直到事跡敗露為止，因此投資金融機構還是保守為宜。巴菲特就是基於這理由而出脫房地美的持股，當他首度投資時，該公司從事安全性相對較高的業務，將自用住宅的抵押品證券化，再賣給退休基金之類的投資機構，為了提高獲利起見，房地美進入商業不動產抵押，也帶來一些令他不安的風險。

巴菲特投資法速記

- 巴菲特因長期持有具持久競爭優勢的公司而獲利可觀。
- 多頭正旺時，具持久競爭優勢的公司股價將攀升到符合商業利益的售價。
- 持久競爭優勢的業務環境改變也可能是出脫持股的指標。
- 公司業務模式改變可能是出脫持股的信號。

16 巴菲特到底投資什麼？

這裡有兩張名單：第一張是巴菲特在一九九八到二〇〇一年間的投資，有的是以個人名義投資，有的則透過他的基金會或波克夏。第二張名單是他在過去三十年來的投資，極具參考價值。

值得留意的是，即使巴菲特投資這些公司，或是它們通過巴菲特的層層篩選，並不表示巴菲特會馬上採取行動，因為他只在到達目標價時才買進。記住：找出具備持久競爭優勢的公司，讓股價決定進場時機。目標價可能明天就會到，也可能要等個五年。

另外要記得的是，有時市場先生對某些企業情有獨鍾，將股價捧得半天高，有時又異常悲觀，將股價貶得很低。你的工作，就是注意市場先生何時悲觀。

我們將這些企業的網址提供給各位，網站內容大都很豐富，你也可以去電索取免費年報。先前我們提到，你可以到美國證管會網站（www.sec.gov/edgar.shtml）上取得公司的一〇—K表格，企業每年都要向證管會提出這份內容豐富的財務文件，性質有點類似年報，但包含更多細節。而以下公司的歷史資料，都可以從價值線網站取得，msn.com的財務網

moneycentral.msn.com也有豐富管用的歷史財務資訊。

最後的忠告是：沉住氣。在選擇性反向投資策略下，最佳買點並非天天都有，然而一旦來到，將帶你進入富翁之林。

好好享用！

最近的投資標的

鄧白氏

美股交易代號：DNB　行業別：資訊　電話：002-1-908-665-5803　網址：www.dnbcorp.com

鄧白氏販賣企業資訊。巴菲特於一九九八年買進，原因除了這是家傑出的公司外，同時它正準備對公司旗下獲利頗豐的穆迪投資人服務進行資產分割。分割資產時，市場對分割後各部分的評價總和，往往低於分割前的整體價值。據了解，一九九九年鄧白氏進行資產分割前夕，波克夏以每股十五美元買進，二〇〇一年五月，每股成交價為二七美元。二〇〇〇年九月三十日，穆迪投資人服務以每股二十六美元脫離鄧白氏，二〇〇一年五月每股市價三十二美元。巴菲特投資鄧白氏，每股獲利十二美元，從穆迪方面獲利三十二美元，共計獲利四十四美元，報酬率相當原始投入的二九三％。至於華爾街其他的人呢？他們當然是去追高科技股啦！唉！

第一數據公司

美股交易代號：FDC 行業別：信用卡交易 電話：002-1-201-342-0402 網址：www.firstdatacorp.com

上百萬筆信用卡交易，總得有人處理，這時找第一數據就對了。巴菲特很早就對這門生意極感興趣。巴菲特在一九九八年秋季崩盤和恐慌性賣壓的當下，趁它股價低到二十美元時買進，以當年每股盈餘一．五六美元計算，相當於七．八％的原始投資報酬率。每股盈餘年成長率為一五％，二〇〇一年五月的股價約為六十六美元，相當四八％的年複利報酬率。很不錯。

家具品牌國際公司

美股交易代號：FBN 行業別：家具 電話：002-1-314-863-5306 網址：www.furniturebrands.com

巴菲特八成是從價值線看到這檔股票，又在內布拉斯加家具大賣場聽人聊到，才初識這家美國住宅家具的頭號製造商。這也是波克夏的持股。巴菲特可能是從二〇〇〇年開始買進，每股成本約十四美元，若以每股盈餘一．九二美元計算，相當一三．七％的原始投資報酬率。每股盈餘年成長率為二八％，業務欣欣向榮。每個人遲早都得買家具，而家具品牌國際公司就等著做大家的生意，該公司創於一九二一年，擁有強大的獲利能力與總資本報酬率，這些年來獨占美國家具業龍頭。巴菲特在一九九九年泡沫破滅後買進，但股價並未被埋沒很久，二〇〇一年二月的每股成交價為二十五美元，立刻為巴菲特賺進七九％的報酬。

H&R金融服務公司

美股交易代號：HRB 行業別：金融服務 電話：002-1-816-753-6900 網址：www.hrblock.com

H&R金融服務公司提供報稅服務，目前正在擴充金融服務事業群。我們將針對該公司進行個案研究，因此不在此贅述。請讀下去。

HRPT產業信託公司

美股交易代號：HRP 行業別：不動產信託投資 電話：002-1-617-332-3990 網址：www.hrpreit.com

這是一家不動產投資信託，本業在商用不動產。獲利穩定，每年發放股利介於〇・八八美元到一・五一美元間。巴菲特在每股七至八美元間買進，也是二〇〇〇年大半時間的價位，他獲得了一二・五％到二〇％的初期投資報酬率。截至二〇〇一年五月，你還可以用每股八・九美元買進。

JDN不動產公司

美股交易代號：JDN 行業別：不動產信託投資 電話：002-1-404-262-3252 網址：www.jdreatly.com

ＪＤＮ不動產開發、取得、出租並管理位於全美十八個州境內的購物中心。每股帳面價值一四．八美元，發放股利一．二美元。我們認為巴菲特從九美元附近開始買進這檔股票。帳面價值反映不動產的折舊，實際價值則高於ＪＤＮ的帳面紀錄。巴菲特的原始報酬率為一三％，投資的著眼點在該公司的資產價值。

約翰曼菲爾公司（已併入波克夏）

約翰曼菲爾公司原本是家財務健全的好公司，但後來賣出一噸含石綿成分的產品，使消費者罹患致命疾病。上萬人對約翰曼菲爾提出告訴，逼得它不得不以破產收場，法庭並判決該公司七八％的所有權交付信託。即使該公司仍能靠銷售非石綿產品而賺錢，而且股票也已經公開上市，投資人卻興趣缺缺，當時人手一張科技股，誰還要這種生產絕緣體的老掉牙公司呢？

二○○○年，波克夏以十八億美元買進這家全美最大的商用及工業用屋頂材料、過濾系統和纖維墊製造商。當年它的稅前盈餘為三億四千三百七十五萬美元，換算為一九％的原始稅前報酬率。一九九○至二○○○年間，每股盈餘年成長率為九．五％。巴菲特將此視為買進初期稅前報酬一九％，隨後以九．五％成長的債券。

賈斯汀工業（已併入波克夏公司）

賈斯汀工業生產頂好磚頭（Acme Bricks）和湯尼拉瑪（Tony Lama）牌的西部靴。巴菲特以五億七千萬美元買下整家公司，若以稅前淨利約五千一百萬美元計算，稅前報酬相當於八・九%。過去十年來的獲利成長率為一六%，巴菲特認為他買入稅前報酬八・九%的債券，而且每年以一六%增值，優於公債和國庫券的六%固定稅前報酬率。

拉茲男孩休閒躺椅公司（La-Z-Boy）

美股交易代號：LZB　行業別：家具　電話：002-1-201-295-7550　網址：www.lazyboy.com

為美國室內家具的第一品牌，也是全世界最大的躺椅製造商。波克夏於二〇〇〇年二月股市崩盤後，以每股十四美元開始買進，當時每股盈餘一・四六美元。截至二〇〇一年六月的每股成交價為十九美元，每股盈餘的年成長率保持在一五・七%。只要股價便宜，巴菲特必然會持續買進。

麗詩加邦

美股交易代號：LIZ　行業別：服裝　電話：002-1-610-312-5303　網址：www.lizclaiborne.com

美國最大的職業婦女服飾銷售商，產品在各百貨公司及二百七十五家零售點販售。該公司並代工唐娜凱倫（Donna Karan）牛仔褲及幸福牌（Lucky Brand）工作服，成立迄今逾二十年。「品牌」為該公司難以撼動的持久競爭優勢，然而實際上服裝都是請工資便宜的國家代工生產。

一九九八年，順勢投資人紛紛棄傳產、就高科技，麗詩加邦的股價也從每股五十三美元的高點一路跌到二十七美元，這時巴菲特買入近九%的股份。麗詩加邦於一九九八年每股獲利二·五七美元，相當九·五%的初期報酬率，二〇〇〇年的每股盈餘三·四三美元，相當一二·七%的原始報酬率。持股愈久，領得愈多。

木勒工業

美股交易代號：MLI　行業別：銅管　電話：002-1-901-753-3200　網址：www.muellerindustries.com

二〇〇〇年十月的股市暴跌將木勒工業的股價從每股三十二美元壓低至二十一美元，當時每股盈餘為二·一六美元，據說巴菲特在此時開始買進。這家以低成本製造銅管、水管等相關產品的領導廠商，自一九一七年開始營業（夠久了吧！），由於基本設施的成本低，在同業中占上風。二〇〇一年五月的每股股價為三十四美元，立即讓波克夏賺進六二%。巴菲特愛死秋季暴跌了。

耐吉

美股交易代號：NKE 行業別：鞋類 電話：002-1-503-671-6453 網址：www.nike.com

耐吉是全世界最大的製鞋公司，在美國運動鞋的市場占有率超過四〇%。波克夏持有這檔股票，但我們無法知悉他的進價成本。我們猜測他於一九九八至二〇〇〇年間買進，當時每股低於三十美元。買點包括鞋業不景氣、經濟不景氣，以及股市回檔或恐慌性賣壓。

USG建材公司

美股交易代號：USG 行業別：人造壁板 電話：002-1-312-606-5725 網址：www.usg.com

USG是人造壁板的低成本製造商，也是全世界最大的石膏壁板製造商。這支股票是典型的利空買進標的，壁板的價格下跌，加上該公司因建材產品官司纏身，以致每股股價從四十五美元跌到十美元，這時巴菲特瘋狂買進，迄今已取得一五%的股權。該公司於二〇〇一年六月申請破產，但許多分析師認為此舉將有助於穩定當前營運狀況。目前吉凶未卜。

百勝餐飲集團

美股交易代號：YUM 行業別：速食 電話：002-1-502-874-8300 網址：www.yum.com

這個集團擁有三個主要速食品牌：肯德基、必勝客、塔可貝爾。我們認為波克夏在二〇〇〇年的崩盤後，以每股約二十四美元陸續買進，若以每股盈餘三・六五美元計算，相當於一五%的原始報酬率。截至二〇〇二年三月，每股成交價為五十五美元。

過去的投資

阿美拉達赫斯公司（Amerada Hess）

美股交易代號：AHC 行業別：工業用油 電話：002-1-212-536-8396 網址：www.hess.com

阿美拉達赫斯是石油公司。巴菲特根據資產評價決定投資，他將油價乘以石油蘊含量，發現股價顯然偏低。巴菲特以每股二十六美元買進，我們認為他於一年後以每股約五十美元賣出。報酬相當不錯。

美國廣播公司（後與首都合併，再和迪士尼公司合併）

為七〇年代早期最具持久競爭優勢的公司之一。我們認為巴菲特在一九七八年廣告業不景氣時，以每股約二十四美元陸續買進，再於一九八〇年以每股約四十美元賣出。

美國運通

美國運通是一家大型金融服務公司，業務面甚廣，專長是為企業提供旅遊相關服務，而且屬箇中翹楚。

美國運通信用卡有如收費站，每次只要有人使用，公司即可賺錢。之前提到，巴菲特首次投資該公司在六〇年代，當時發生的沙拉油擔保弊案將股東權益的基礎毀損殆盡，幸好本業毫髮無傷。巴菲特在該公司東山再起後全數出脫。

九〇年代早期，美國運通開始出現問題，一九九一年九月至一九九四年九月間，該公司流失兩百二十萬名信用卡用戶，市場占有率也從九〇年的二二．五%降低至九五年的一六．三%，部分原因是美國運通想提供一切金融服務，因而在金融產品多元化的過程中，忽視了賴以維生的信用卡業務。

別忘了在具有持久競爭優勢的公司中，管理團隊有時會忘記公司最初的優勢從何而來，最後公司請來新任執行長葛洛伯（Harvey Golub）進行搶救公司大作戰。巴菲特向葛洛伯伸出援手，開始買進。記住：你投資的不光是公司，還包括經營公司的人。巴菲特在一九九四年雷曼兄弟（Lehman Brothers）投資銀行脫離美國運通前買進，每持有一股美國運通股票，該公司便給予五分之一股的雷曼兄弟股票，價值相當於四美元。巴菲特以每股二十六美元買進美國運通，又透過資產分割取得四美元的雷曼兄弟股票，立刻為他賺進一五%。如今他的美國運通每股價值近一六六美元，相當於三〇%的年複利報酬率。巴菲特對大家出門必帶美國運通卡感到相當高興。

安海斯—布希公司

美股交易代號：BUD　行業別：啤酒　電話：002-1-314-577-2000　網址：www.anheuser-busch.com

全球最大的釀酒公司，擁有巴菲特所謂的持久競爭優勢。一般人依品牌點啤酒，而這家公司最不缺的就是品牌，有百威、百威淡啤、布希（Busch）、麥格、紅狼拉格啤酒（Red Wolf Lager）等。權益與總資本報酬率均優，獲利成長力道強勁。

必治妥施貴寶

美股交易代號：BMY　行業別：藥品　電話：002-1-212-546-4000　網址：www.bms.com

必治妥施貴寶在二〇〇〇年共銷售兩百二十億美元的專利藥品、處方用藥和保健美容產品。一八八七年成立，除非人類從此不生病，否則它將繼續存在。我們認為巴菲特是在一九九三年美國政府法令對製藥業造成威脅時，以每股約十三美元買進，當時每股盈餘一．一美元，歷來的權益和資本報酬率都超過三〇％。巴菲特至今已從這檔股票賺進二三％的年平均報酬率。

首都傳播公司（收購ABC公司，後併入迪士尼）

巴菲特喜歡持有電視股，因為電視台既會賺錢，營運成本又低，只要買架轉播器、裝上天線、插上插頭，就可以開始做生意了。電視網之所以賺錢，因為企業必須透過它們做廣告才能接觸到潛在客戶。首都擁有多家電視台與有線電視網，可說是經營得有聲有色，巴菲特於七〇年代末買進，後於八〇年代早期賣出，但他坦承這是項錯誤。首都於一九八六年收購美國廣播公司，由於當時該公司需要增資，於是執行長便詢問巴菲特的入股意向，公司的股東也接受了巴菲特的條件後，他便以每股十七．二五美元買進價值五億一千五百萬美元的股票，後來迪士尼在一九九五年收購首都時，巴菲特以每股一百二十七美元全數出脫變現，等於為八六年的投資賺進二四%的年複利報酬率。再次證明長期持股的好處。

克里夫蘭斷崖鋼鐵（Cleveland-Cliffs Iron Company）

美股交易代號：CLF　行業別：礦產　電話：*002-1-216-694-4880*　網址：www.cleveland-cliffs.com

為最大的鋼鐵製品供應商，主要客戶為北美洲的鋼鐵公司。該公司自一八四〇年開始營運，擁有並經營五處鐵礦及數家大型製鋼廠，有趣的是，在鋼鐵業不景氣時，它只需將礦區關閉，靜待需求恢復即可。巴菲特於一九八四年的鋼鐵業不景氣期間首次買進，景氣恢復時賣出，最近的買點在二〇〇一年，當時鐵礦過剩又碰上鋼鐵業不景氣，將鐵礦價格殺得落花流水，股價也從每股五十美元的高點，一路殺到十四美元低價。公司的持久競爭優勢在於和鋼鐵公司同步，因此能伺機停產並撙節開支，又不損及競爭優勢。不景氣是買進時機，一旦景氣好轉便代表該脫手了。

可口可樂

美股交易代號：KO　行業別：飲料　電話：002-1-404-676-2121　網址：www.cocacola.com

可口可樂是最具持久競爭優勢、也是全球最大的軟性飲料公司，銷售兩百三十多種品牌的飲料，包括咖啡、果汁和茶，占全球軟性飲料市場的五〇%，以及全球每日飲料消耗量的二%。這檔股票是巴菲特的最大賭注，也是獲利最好的幾檔股票之一。不景氣和恐慌賣壓為買點，千萬別用超過三十倍本益比買進，巴菲特會在本益比掉到二十五倍以下時加碼。

考克斯傳播（Cox Communications）

美股交易代號：COX　行業別：有線電視　電話：002-1-404-843-5975　網址：www.cox.com

提供有線電視服務給六百萬名客戶，並提供數位電視服務給三十五萬名訂戶。媒體集團考克斯企業握有考克斯傳播六八%的股份，也提供上網與本地及長途電話服務，考克斯傳播公司的服務所及之處，大都是獨家有線電視業者，可將它視為有六百三十萬名按月繳費的觀眾。考克斯於二〇〇〇年的淨利潤率為二三%，相較福特汽車的一%淨利潤率，就會明白巴菲特喜歡有線電視業、討厭汽車業的原因。

迪士尼

美股交易代號：DIS 行業別：娛樂 電話：002-1-818-560-1930 網址：www.disney.com

巴菲特最早於一九六六年買進迪士尼公司，當時每股股價為五十三美元，換言之市場的評價為八千萬美元，比《白雪公主》等卡通的價值還低。買進這檔股票等於還買進迪士尼樂園，巴菲特買進價值五百萬美元的股票，一年後以六百萬美元賣出，他說如果將這五%的股份保留下來，現在已經超過十億美元（相當於三十年期間，一九%的年複利報酬率）。類似教訓讓巴菲特體會到一個道理：買進並長期持有具持久競爭優勢的股票，是成為超級大富翁的最簡單方法。巴菲特在迪士尼於一九九五年收購首都時，再次購入兩千一百五十萬股迪士尼，據說他在一九九八至二〇〇〇年的多頭期間，將迪士尼股票直接從市場上賣出。如同先前所說，巴菲特在通用再保險的交易中，間接將迪士尼股票賣出。

迪士尼是全球第二大媒體集團，旗下有美國廣播公司電視網、主題公園、電影製片場，當然還包括米老鼠的魔幻王國。趁不景氣時買進，握有一輩子。

埃克森美孚石油

美股交易代號：XOM 行業別：石油業 電話：002-1-972-444-1000 網址：www.exxonmobil.com

八〇年代早期，聯準會調高利率以抑制通貨膨脹，連帶也扼殺了經濟和股市。許多股票都「俗俗賣」，但巴菲特卻將賭注下給規模最大、經營最佳的埃克森美孚石油公司，他的理論是：無論經濟出什麼狀況，個人與企業還是得不斷耗用油品。高利率將埃克森美孚的股價打到四十四美元，若以每股盈餘六．七七美元計算，等於一五．二%的原始報酬率。這檔股票的每股盈餘一直以六．七%的年成長率增加，且持續進行股票買回。巴菲特大約以六．五倍本益比買進，一九八七年每股市價為八十七美元，約當一五%的年複利報酬率。

房地美公司

美股交易代號：FRE　行業別：抵押貸款　電話：002-1-703-903-2239　網址：www.freddiemac.com

是一家很不錯的公司，它向銀行和抵押貸款的經紀商買進住宅抵押品，將這些抵押品證券化後賣給投資者。巴菲特曾大量持有這檔股票，但目前（二〇〇二年）他正打算出脫，原因是公司的業務性質改變，風險愈來愈高。風險愈高，巴菲特愈怕。

加拉赫企業集團（Gallaher Group Plc.）

美股交易代號：GLH　行業別：菸草　電話：002-1-1932-859-777　網址：www.gallaher-group.com

旗下擁有英國最大的菸草公司加拉赫（Gallaher Tobacco Limited），製造金邊臣（Benson & Hedges）牌香菸。加拉赫菸草於一九九四年處分美國業務，從此告別一切不利報導，以及癌症訴訟相關的可能費用。香菸是高獲利產品，而高獲利代表「錢」景看好，加拉赫也握有其他事業，但以菸草業的獲利最豐，菸草公司是典型具持久競爭優勢的事業，英國的菸草公司不必如美國菸草公司一樣面對訴訟，也因此風險較小。這檔股票出現在巴菲特基金會的持股名單中，至於何時以多少價位買進則不可考。

甘尼特公司

美股交易代號：GCI　行業別：報紙　電話：002-1-703-558-4634　網址：www.gannett.com

是美國最大的報業集團，發行九十九種報紙，巴菲特於一九九四年趁廣告業不景氣時，以每股二十四美元買進，相當於十五倍本益比。這檔股票於一九九九年的股市泡沫期，以二十四倍本益比在市場上交易，巴菲特可能在二〇〇二年以每股七十六美元售出，年報酬率相當於一五．二％。不算太差。

蓋可保險公司（後為波克夏收購）

巴菲特趁該公司即將倒閉之際大舉投資，他決定紓困，因為相信該公司的持久競爭優勢仍毫髮未傷。他的判斷是正確的，原先四千五百萬美元的投資，在接下來的十五年間成長到二十三億多美元，換算成二九．九％的年複利報酬率，這般成績可謂是投資界的傳奇。

奇異電子

美股交易代號：GE　行業別：多元化工業　電話：002-1-203-373-2211　網址：www.ge.com

最初奇異電子包辦地球上的一切電化業務，「電」對現代人來說是生活的一部分，不過一百年前的人類可不這麼想，當時有家公司為全球電化提供知識與設備，它的名字就叫奇異。如今奇異是世上最大、最多角經營的工業巨擘，擁有財力加入任何戰局。

巴菲特對該公司一向讚不絕口（目前為巴菲特基金會持有），但始終無法在理想的價位上大舉買進。

過去十年來奇異的權益報酬率介於一八%至二三%間（表現很好），總資本報酬率在一六%到二五%間。每股盈餘表現亮眼，年複利成長率為一一・八%。奇異帳上的長期負債僅四億美元，獲利高達一百億美元，想買進得等到非常不景氣。這檔股票在一九九九年的股市泡沫期，以三十六倍本益比在市場交易，相當不划算，只要本益比降到十五倍以下，就可以慎重考慮買進，八〇年代和九〇年代初曾出現這價位。

吉列公司

美股交易代號：G　行業別：修容與電池　電話：002-1-617-463-3000　網址：www.Gillette.com

刮鬍刀片和電池很快會耗盡，若想把鬍子刮乾淨，或是讓攜帶式電子裝置繼續動下去，就得買這兩樣東西，是一家精通賺錢之道的公司。該檔股票為波克夏持有。過去十年來，權益報酬率一直高於三〇％，總資本報酬率超過二〇％，每股盈餘的年成長率為一四％。一九九九年股市泡沫期，以四十倍本益比交易，對這家公司來說簡直高得不像話。本益比十五倍以下買進就有利可圖。

賀喜食品

美股交易代號：HSY　行業別：食品　電話：002-1-717-534-6799　網址：www.hersheys.com

據傳巴菲特在不同狀況下買進賀喜食品，但我們並未取得確切資料。他常舉該公司為例，探討持久競爭優勢的概念。賀喜也是全美最大的巧克力生產者。該公司的普通股大都交付信託，受益人是密爾頓賀喜孤兒學校（Milton Hershey School for Orphans），公司創辦人賀喜（Milton Hershey）將生平絕大多數財富，用來造福使他富有的兒童，從投資者的角度來說，表示有個大股東（也就是以孤兒為受益人的信託）能發揮難以想像的巨大力量。股東權益報酬率與總資本報酬率均高，過去十年來，每股盈餘的年成長一直在九．九％的水準。這支股票於股市泡沫期以三十三倍本益比在市場交易，對這行業來說有過高之嫌。買點出現在本益比十五倍以下，也就是一九九六年以前的價位。即使很想嘗點甜頭，也要等不景氣或恐慌賣壓時再行動。

埃培智公司

美股交易代號：IPG　行業別：廣告　電話：002-1-212-399-8000　網址：www.interpublic.com

一九七四年，埃培智是最大的國際廣告公司，目前排名第三。巴菲特表示，廣告公司透過其他事業的成長建立地位，製造商想將產品推上市得靠廣告，這時它們會找廣告公司，廣告公司製作廣告，在媒體上播送，再向廣告業主抽一定成數的費用。廣告公司幾乎與通貨膨脹絕緣，通膨反而使廣告主花更多錢，才得到相同分量的廣告，而廣告業主花的錢愈多，表示廣告公司的獲利愈多。廣告公司屬服務業，無需花費大額資本購置設備，因此利潤不會被用來汰換老舊廠房與設備。此外只有四%的廣告主會每年更換廣告公司，換言之大戶會一直留下來。數年前雄霸市場的大型廣告公司，如今許多仍叱吒風雲，在前十大廣告公司中，有七家已經經營到第五或第六代。重點是，廣告公司的成長沒有上限，只要企業繼續成長、媒體繼續為製造商將產品推上市，廣告公司也將隨之茁壯。

埃培智的各項數字均十分優異。過去十年來，每年的權益報酬率都不低於一六%，最後三年甚至超過二〇%，過去十年間的每股盈餘一直以一三．八%年成長率增加。巴菲特在一九七三至七四年的不景氣時，逢低買進一七%的持股，當時每股市價低到三美元，每股盈餘〇．八一美元。巴菲特以四百五十三萬一千美元買進五十九萬兩千六百五十股，每股均價七．六五美元。我們不清楚他何時出脫，但可確知的是，若保有同樣持股部位，經過股票分割後，他將擁有七千四百六十萬股，折合價值約二十八億美元，相當於二十七年期間有二七％的年複利報酬率。只要沉住氣，可以用很低的價位買進這檔股票。一九九九年股市泡沫期間的本益比為三十三倍，即使公司再好，如此價位也嫌過高。九〇年代中，本益比最低曾來到十四倍。慢慢等吧。

凱撒鋁業暨化學公司（Kaiser Aluminum & Chemical Corporation）

美股交易代號：KLUCQ 行業別：鋁業 電話：002-1-713-267-3777 網址：www.kaiseral.com

這是巴菲特早期犯的少數投資失誤之一，當初買進是因為該公司的獲利儼然像是家好公司，然而正如一般競價型企業的好景不長，讓他在這筆投資上栽了跟頭。

麥當勞

美股交易代號：MCD 行業別：速食 電話：002-1-630-623-3000 網址：www.mcdonalds.com

麥當勞的成功絕非偶然，它透過兩萬八千多家店面，將漢堡變成品牌產品。過去十年間，該公司的權益報酬率表現不凡，每年都在一六％到二〇％之間，每股盈餘以一二％的年成長率增加。只要在正確價位買進，這家優秀的公司就會成為很好的投資標的，巴菲特於一九九四和九五年間，以十二億美元買進六千萬股，每股均價二〇美元。據傳他於九七至九九年間，以每股三十到四十五美元的「泡沫」價陸續出脫，結果證明是明智之舉。只要到達合理價位，巴菲特將再次買進麥當勞股票，到時記得也要「參一角」。

媒體大眾公司（Media General Inc.）

美股交易代號：MEG 行業別：電視、電話 電話：002-1-804-649-6000 網址：www.mediageneral.com

為傑出的報紙發行商，並擁有電視台與有線系統。巴菲特在一九七八和七九年以每股十六美元買進，若以每股盈餘三．四二美元計算，相當於二一％的原始報酬率，股價如此之低，得再度感激聯準會的升息措施。沒有確切資訊顯示他於何時出脫持股，但我們相信是在一九八五年，每股價位約七十美元。

水星大眾公司（Mercury General Corp.）

美股交易代號：MCY 行業別：保險 電話：002-1-213-937-1060 網址：www.mercuryinsurance.com

為加州最大的汽車乘客險公司，而加州向以交通繁忙聞名。該公司的權益報酬率極好，買點是當市價接近或低於帳面價值時，一九八八、一九九〇、一九九一、一九九二、二〇〇〇年都曾出現過這類價位。

紐約時報

美股交易代號：NYT　行業別：保險　電話：002-1-212-556-1234　網址：www.nytco.com

旗下有《紐約時報》、《波士頓環球報》（*Boston Globe*）、十五種較小型的日報，以及《國際前鋒論壇報》（*International Herald Tribune*）的半數股權，還擁有八家電視台和兩家廣播公司。九〇年代初期的財務表現不佳，目前已開始漸入佳境。

奧美廣告（現已下市）

奧美廣告是全美第五大廣告公司，巴菲特在一九七三至七四年的股市崩盤期間，以每股約四美元買進三一％的股權，當時每股盈餘為〇．七六美元。何時出脫並無紀錄。一九七八年的每股市價為十四美元，相當於三〇％的年複利報酬率，一九八五年的每股成交價為四十六美元，相當二四％的年複利報酬率。

百事可樂

美股交易代號：PEP　行業別：飲料　電話：002-1-914-253-2000　網址：www.pepsico.com

在巴菲特還未開始每天喝三、四罐櫻桃可口可樂前，他曾是個百事可樂迷。這是一家相當難得的公司，過去十年來的權益報酬率均超過二〇％，每股盈餘的年成長率八％。買點為不景氣或恐慌賣壓時。

時代明鏡

美股交易代號：TMC 行業別：報紙 電話：002-1-213-237-3700 網址：www.tm.com

一九八〇年，聯準會將利率拉抬到一四%，結果卻苦了股價。這時巴菲特趕緊實踐他的選擇性反向策略，開始大買特買，其中一支股票是擁有《洛杉磯時報》的時代明鏡，巴菲特以每股十四美元的難得低價買進，若以每股盈餘二．〇四美元計算，本益比等於六．八倍，原始報酬率一五%。一九八五年的每股成交價為五十三美元，讓巴菲特獲得三〇%的年複利報酬率，這檔股票在一九九九年的股市泡沫期，曾以二十一倍本益比在市場交易，目前已經下市，原因是二〇〇〇年三月論壇公司（Tribune Company）趁著大好機會將整個公司買下。

火炬公司（Torchmark Cop.）

美股交易代號：TMK 行業別：保險 電話：002-1-205-325-4200 網址：www.torchmark.com

這是家保險與金融服務公司，權益報酬率都在一九%之上。過去十年來的每股盈餘以一〇．九%的年成長率增加。巴菲特多年來陸續買進這檔股票，最近一次買進在二〇〇〇年二月，緊接在一九九九年的股市泡沫期，每股成交價二十美元，每股盈餘二．八二美元，相當於一四%的原始投資報酬率。截至二〇〇一年五月，成交價為每股三七．五美元。

沃爾瑪百貨

美股交易代號：WMT 行業別：零售業 電話：002-1-501-273-4000 網址：www.wal-mart.com

擁有兩千四百家店面，採購實力居同業之冠，無論消費者要什麼，沃爾瑪百貨都能提供更划算的價格，也因此精打細算的消費者都會到那裡購物，也等於愈多錢進帳。有多少呢？過去十年來，沃爾瑪百貨的權益報酬率每年都高於二〇%，每股盈餘的年成長一直在二四%。這家全世界最大零售業者的配銷網絡相當綿密，因此造成進入的高門檻，保護公司不受競爭者威脅。波克夏表示，該公司截至一九九七年為止，共持有四百三十九萬股沃爾瑪百貨的股票。

華納藍柏特（Warner-Lambert Company）

美股交易代號：WLA 行業別：製藥業 電話：002-1-973-540-2000 網址：www.warner-lambert.com

為製藥及產品公司，知名品牌產品如李施德霖（Listerine）、Halls喉糖、舒適牌刮鬍刀與刀片。它的成藥都受專利保護。權益報酬率均在三〇%之上，過去十年來每股盈餘的年成長率為一一%。一九九九年股市泡沫期，本益比在三十至四十五倍之間，若能以低於十七倍本益比買進則相當划算。九〇年代早期，當聯邦政府作勢規範藥價時，據傳巴菲特以十三倍本益比買進這家公司，後來巴菲特因無法建立大持股部位，讓他與管理階層交涉時發揮更大影響力，於是將股票出脫。該公司於二〇〇〇年併入輝瑞藥廠（Pfizer）。

《華盛頓郵報》

美股交易代號：WPO　行業別：報紙　電話：*002-1-202-334-6000*　網址：www.washpostco.com

《華盛頓郵報》讓巴菲特初嘗擁有壟斷報社的滋味，並享用它不可思議的利潤。這家公司已經謝世的大股東凱瑟琳．葛蘭姆（Katharine Graham）對大小事物鉅細靡遺，巴菲特於一九七三年買進這檔股票，他和凱瑟琳氣味相投，巴菲特指導她如何進行股票買回，以及如何跨足擅長投資範圍之外的領域。

天資聰穎的葛蘭姆將股價從每股五．六九美元（巴菲特於一九七三年的進價成本），拉升到二〇〇二年的每股五百美元以上。權益報酬率在一三%到一九%的區間震盪，每股盈餘以近九%的年成長率增加。華盛頓郵報公司除報紙外，還有《新聞週刊》（*Newsweek*）、六家電視台，並在十八州內擁有多家有線電視系統。這家公司不太可能做出蠢事，因此投資人必須等到廣告業不景氣或大盤滑落時再進場。由於公司的長期前景看好，只要股價低於四百美元都是好買點，低於三百美元更棒。

富國銀行

美股交易代號：WFC　行業別：銀行　電話：002-1-415-396-3606　網址：www.wellsfargo.com

這家銀行中的銀行以三級跳方式成長。巴菲特在銀行業不景氣時買進，當時全國的大銀行幾乎都被不動產放款的呆帳連累。股市大驚小怪，將這支股票打壓到每股十五．七五美元。向來擅長從企業的短暫錯誤中獲利的巴菲特立即進場，用四億九千七百八十萬美元買進兩千八百八十萬股，每股均價約十七美元。最近每股成交價為四十九美元，巴菲特於一九九九年不動產大好時開始出脫持股，可見巴菲特會趁不景氣買進，景氣大好時賣出。每隔十到十五年，銀行都會經歷不動產業從大起到大落的循環，一旦哪裡不對勁，股市開始恐慌，將銀行股打到谷底，等榮景重現時又把銀行股送上了天。無論從哪個角度觀察，都將是一次愉快的經驗。你可以效法巴菲特，從七零八落的股票中挖出寶來。

惠氏公司（Wyeth）

美股交易代號：WYE　行業別：藥品　電話：002-1-973-660-5000　網址：www.ahp.com

這家藥品公司在專利處方藥的製造廠中名列前茅，也擁有一些知名成藥。過去十年來的權益報酬率均高於三〇％，每股盈餘的年成長率為七．九％。只要股價對就值得買進並長期持有。人哪有不生病的，這道理在短期內不會改變。

17 巴菲特的資金怎麼「動」？

股票套利是幫巴菲特賺進數百萬美元的頭號機密，所謂「套利」，是對公司出售、重組、合併、資產分割和惡意併購進行投資，大概是他投資操作中最難懂的部分。巴菲特早期受雇於班傑明．葛拉漢在紐約的投資公司期間，曾研究過套利操作，他發現該公司是因為過去三十年來一直進行套利，才創造低風險的二〇％的年平均報酬率。不用說也知道，巴菲特立即見風轉舵，心無旁騖地研究如何管理套利組合。

五年前，只有巴菲特這種法人投資者，才需要學習股市套利的來龍去脈，因為只有他們才能以機構的名義，向股票經紀商要到便宜的費率，大券商對個別投資者收取的高額佣金，往往嚇跑一堆散戶，此外想發掘和追蹤套利的投資機會，必須取得相當豐富的資訊才行，過去巴菲特每天會讀完五、六種大報的工商版，尋找剛出爐的套利機會，鎖定目標後密切追蹤，確保不出任何紕漏（例如買方從交易中退出），以免在不知情之下，因意外而使潛在獲利轉為真實虧損。

在過去（網路時代來臨前），套利是一份全職工作。

但是自線上交易開始盛行後，散戶不必再支付高到離譜的手續費。事實上，提供線上交易服務的公司，每股收費往往不到一美分。美國運通等公司，對帳戶餘額超過十萬美元的客人免收交易手續費。沒錯，正是免費交易！過去即使如巴菲特這般大戶，也不可能獲得如此待遇。

利用公司股價變動套利

如今鎖定並追蹤套利機會，就像打開電腦上網一樣簡單，所有資訊一應俱全，只要按幾下滑鼠，就可以對套利機會追蹤到滴水不漏。過去要花去數小時完成的工作，現在只要幾分鐘即可，網路不僅是革命，而且是能讓人致富的革命！

巴菲特將套利稱為「運動」，它們會出現在公司出售、重組、合併、資產分割與惡意併購時。

巴菲特喜歡把資金用來做長期投資，但是當欠缺長期投資標的時，他發現將現金用來套利（或「運動」），比從事其他短線投資的獲利更豐碩，其實過去三十多年來，巴菲特一直積極投入套利市場，他估計平均稅前年報酬率一直在二五％左右。對任何人來說都很不錯。

在早期巴菲特合夥時代，每年都有四成以內的資金投入套利。以一九六二年的黑暗期來說，當股市一片慘澹之際，幸好有套利的獲利法提供一條生路，讓合夥公司獲得一三・九％

的報酬率，相較於投資道瓊股市虧損七．六%的可憐表現（注意：一九六二年，巴菲特合夥的本業實際上是虧損，但是套利這種「運動」的利潤，卻將一場災難變成理財傳奇故事的題材）。

雖然套利種類繁多，或套用葛拉漢的講法是「特殊狀況」很多，但巴菲特對葛拉漢所稱的「發放出售或清算所得」卻很放心。在這種套利行為中，公司將所有業務賣給另一家公司或清算業務，再將所獲款項分給證券持有者。

一九八八年，納貝斯克（RJR Nabisco）的管理階層宣布，將試著從股東手裡把公司買回，於是巴菲特便以二億八千一百八十萬美元，買進三百三十四萬兩千股的納貝斯克。

當公布的出售或清算價格，與公司在出售或清算前的股票市價間出現價差時，表示套利者的投資機會已經到來。

例如X公司宣布，未來將把所有股票，以每股一百二十元賣給Y公司。假設套利者在成交前能以每股一百元買進，並在未來以每股一百二十元賣給Y公司，如此套利者每股將獲利二十元。問題是，整樁交易要到何時才拍板定案，讓套利者以每股一百二十元售出，實現每股二十元的獲利？

最大問題出在時間。買進股票到成交之間拖得愈久，年報酬率將愈低。現在解釋給你聽。

假設你以每股一百元買進某公司股票，而後這家公司於一年內以每股一百二十元賣出，每股獲利為二十元，稅前年報酬率二〇%。但若某些複雜因素，導致交易無法在兩年內完成，這時稅前年報酬率會掉到一〇%。

同樣地，如果運氣夠好，交易在半年內就拍板定案，那麼稅前年報酬率將跳升到四〇%。

本質上來說，套利是一種固定獲利的投資，有時連到期日都是事先約定。本例的獲利固定為每股二十元，而證券的持有時間，則決定稅前報酬率的高低。持股時間愈短、稅前年報酬率愈高；持股時間愈長、稅前年報酬率愈低。可想而知，沒有截止日的交易可能導致一場災難，應該避免。

「光明正大」的套利法

這些狀況還伴隨其他風險。即使交易有截止日，但所花的時間可能比預期久，如果交易談不攏，股價將跌回原先水準，想要致富就不可能了。

上百種因素可能使交易更花時間，甚或無疾而終，有時是股東不接受條件，有時政府主管反托拉斯的官員喊「卡」，有時稅務局花一輩子還訂不出稅法（租稅在此類交易中扮演重要角色）。總之任何事都可能出錯。

為避免遇到以上風險，巴菲特的原則是只投資已經公布的交易，聽起來滿正常，也滿聰明，畢竟哪個傻子會在交易公布前就投資？想猜猜看嗎？答對了，是華爾街！沒錯，華爾街的投資天才們絞盡腦汁，他們想，如果可以搶先投資傳言中的收購對象，就能賺很多錢。聽信傳聞進行的交易套利或許有豐厚利潤可賺，但也代表著可能讓投資人承擔相當高的不確定風險。

巴菲特發現在投資上百種套利後，「幾乎篤定」的二五％年報酬率，通常比「可能」的一〇〇％報酬率還賺錢，華爾街精靈可以根據傳聞投資，但巴菲特只有等出售或併購案宣布時才進場。

一九五七至一九六九年間，巴菲特合夥事業時代，巴菲特相信套利每年為合夥事業製造最穩定的絕對獲利，而且一旦股市下滑，將給予合夥事業很大競爭優勢。

重點是——

你該了解，股市即將走低時，股東與管理階層開始擔心公司的股價會直直落，因而他們願意考慮出脫股票、清算公司或進行某種形式的重組。此外股價下跌也表示買進的價位更有魅力，也吸引更多潛在買家上門，因此當股市開始沉淪時，套利機會則節節上升。

開始套利

起頭並不難。你可以從以下兩個很棒的網站找到套利機會：mergerstat.com，以及msn.com的www.moneycentral.msn.com，兩者每天均列出主要的併購案並追蹤動向。mergerstat.com專門列出每天全球市場上所有主要的併購活動，只要上這網站的首頁，就可以免費找到當天公布、超過一億美元的交易，即使不付費取得更多資訊，就足以做相當可觀的研究。

只要在www.moneycentral.msn.com的網站上點選Markets，再選News by Category（分類新聞），接著再選Topics（主題），到了主題後選擇Mergers and Acquisitions（併購類），就會列出一串最近報導的併購新聞。

現在，找出一家公司用現金購買另一家上市公司的交易（很多情況都是一家公司以股票收購另一家公司，或是以現金和股票的組合收購另一家公司，要盡量避免這些狀況。股票交換往往為交易增添變數，使情況益發複雜，在操作套利經驗尚淺時，處理現金交易會比較容易些）。

接著將被併購公司的名稱及其股票代號記下，讀過每一則即將併購的消息，算出每股收購價、交易何時定案，以及目前的股票成交價。如果交易成交機會很大，且在收購價與目前股價間的價差已經形成，不妨打電話給公司股務部門，確認此樁併購案是否仍在進行，以及預期的完成日期。

取得第一手消息總是勝過財經報紙的報導，如果你在Nexus.com上訂閱新聞服務，也能一路追蹤併購案的發展，直到結案為止。大致情況良好便可進場，同時仍要密切注意你的新聞來源，追蹤交易動向。

現在看個例子，了解整體運作情形。

假設在二〇〇一年的六月一日，你在mergerstat.com 網站上發現Y公司剛宣布將以每股二十五美元買進Z公司，交易將於二〇〇二年一月一日結案。

你查看Z公司目前的交易價為每股二十四美元（由於貨幣具時間價值，加上無法成交的風險，因此從收購案宣布到交易完成的期間，Z公司的每股股價可能永遠不會剛好落在二十五美元）。

假如你在二〇〇一年八月一日以每股二十四美元買進，後於二〇〇二年一月二日以每股二十五美元向Y公司兜售，那麼這筆交易的年報酬率是多少？經過一番調整後，你可以使用商用計算機快速運算，判斷年報酬率約略為多少（只要能做未來與現值計算的計算機都可以運算）。

首先你需要知道交易何時完成。如果交易預期將耗時一年，在商用計算機的年數（N）

上鍵入「一」，現值（PV）鍵入「二四」，以及「二五」為未來值。接著按下計算鍵（CPT）及利率鍵（%i），於是得出年報酬率四．二%，但如果完成交易所需時間較短（如五個月），年報酬率將因而提高，原因是資金只被綁住五個月而已。

以下是細節說明：

既然多數交易所需時間均不超過一年，因此須調整計算機上的期間，在此例中為五個月。調整的方法是用一除以十二（一年的月份），結果會是〇．〇八三三三三，接著用〇．〇八三三三三乘以買進股票到預定成交日間的月數。本例假設交易將在五個月內完成，因此用五乘以〇．〇八三三三三，得出〇．四一六六六。接著將〇．四一六六六輸入年數（N），現值（PV）為二四，未來值（FV）為二五，按下「計算」鍵（CPT）和利率鍵（%i），即可得出年報酬率為一〇．二九%。

這方法相當快速，但完全沒有把交易無法完成的風險計入。巴菲特相信，除非你確信交易一定會完成，否則就不要輕易嘗試，為防止交易無法完成而造成損失，巴菲特喜歡分散套利種類，他相信多數的獲利將遠遠彌補少數的損失。

千萬注意！

股票套利能帶來許多財富，但應該好好對這個投資領域進行審視。永遠記住我們前面所說，只有當收購或清算計畫被公布後，巴菲特才會建立套利部位。如果消息公布前就聽信傳聞進行套利，將處在高獲利、高風險的股票套利投機中，許多風光一時的玩家就是因此陣亡。

巴菲特投資法速記

- 即使股市低迷，巴菲特依舊能用套利為巴菲特合夥事業製造獲利。
- 網路交易公司已經將手續費降低，即使從事小額投資的散戶，也可以從套利中獲利。
- 只有當交易公司公布，巴菲特才建立套利部位。
- mergerstat.com和www.moneycentral.msn.com每天都列出合併消息，也是公布合併案的最佳消息來源。

18 發掘好公司的運算式

現在你應該了解，巴菲特投資法是找到有持久競爭優勢的公司，然後靜待買點（如經濟不景氣、十月修正或恐慌性賣壓，或者是偶發的可解決問題）出現，將股票帶到符合商業利益的價位。

因此懂得分辨何者符合商業利益，就可以從百萬富翁晉身億萬富翁之林。換言之，獲利關鍵在投資標的及投資成本，你已經曉得該買進具備持久競爭優勢的公司，下一步就是要以最低價取得。

盡可能將買價壓低究竟有多重要？答案是，重要到不可思議的地步。許多投資分析師和研究巴菲特的作家以為，只要找到好的投資標的，而且打算持股數年，就不需對投資成本斤斤計較。這真是大錯特錯！

一九九一年，H&R金融服務公司的成交價在十九到三十八美元間，十年後的二〇〇一年，每股成交價為八十美元。如果在一九九一年以每股十九美元買進，再於二〇〇一年以每股八十美元賣出，則稅前年複利報酬率將約為一五．四%，總投資價值約為四十一萬八千八百四十九美元；如果在一九九一年以每股三十八美元買進，於二〇〇一年以每股八十美元賣出，則稅前複利年報酬率將約為七．七%，總投資價值約為二十萬零九千九百六十九美元，兩者相差二十萬零八千八百八十美元！所以說，付得愈多、賺得愈少；付得愈少、賺得愈多。

由於成本終將決定複利報酬率的高低，因此巴菲特對價格的要求是：愈低愈好。

開始動手

鎖定一家有趣的公司，也蒐集到以下資訊：

✓最近的損益表

✓最近的資產負債表

✓十年來的每股盈餘

✓十年來的權益報酬率

接著是計算內在價值，這也是巴菲特判斷公司獲利能力的方法。這麼做有兩個目的：

一、判斷公司是否具備持久競爭優勢，如果是，其競爭優勢究竟強大到什麼程度。

二、股價是否符合商業利益，符合商業利益的股價通常出現在股市或公司經歷某種不幸事件時。

公式一：看一眼就能預測獲利

巴菲特發現，若無法預測公司的未來獲利，便無從判斷它能否熬過利空，而利空正是買點所在。有個最簡單、最基本的測試，能立即了解公司獲利的可預測度，雖然每位證券分析師在首次瞄到標準普爾、價值線等投資調查報告時都用這種方法計算，但很少人認同這個算式的真實性。但它的確是真的，因為統計分析必須從此處開始。

首先觀察一家公司歷年來每股盈餘，看看這些數字是否具一致性、獲利趨勢是向上，還是像雲霄飛車般地忽上忽下、獲利是否強勁、是否有虧損可能，或當年度獲利力道減弱。

標準普爾和價值線等投資調查服務，提供讀者多年的獲利狀況，方便大家做逐年比較。同樣情形也出現在www.moneycentral.msn.com、雅虎理財網和幾十個類似網站。美國是個財務數字氾濫的投資國度。

你將面臨的四種獲利狀況

有四種獲利狀況，其中三種吸引投資人，另一種則否。在最理想的狀況下，公司的每股盈餘表現一直很強勁，走勢也向上，如表18.1中的甲公司，一般人對獲利忽上忽下的公司則毫無興趣，如同表中的乙公司。

表18.1

甲公司		乙公司	
具備持久競爭優勢的企業		大宗物資型企業	
年度	每股盈餘（美元）	年度	每股盈餘（美元）
91	1.07	91	1.57
92	1.16	92	0.16
93	1.28	93	- 1.28
94	1.42	94	0.42
95	1.64	95	- 0.23
96	1.60	96	0.60
97	1.90	97	1.90
98	2.39	98	2.39
99	2.43	99	- 0.43
00	2.69	00	0.69

甲公司的獲利比乙公司更容易預測，這誰都看得出來。甲公司獲利逐年成長，唯一例外在一九九六年，每股盈餘從一．六四減為一．六〇美元，乙公司的獲利則毫無章法可言，看不出明顯趨勢。

問個簡單問題。你想預測哪家公司的獲利？答案應該是甲公司。即使手邊只有十年期的獲利資料，但你確知獲利強勁且呈向上趨勢。接下來你該問：「是什麼經濟動能造成這種狀況？」

從投資的觀點來說，或許乙公司也有可取之處，但巴菲特認為，由於乙公司缺乏強勁的獲利力道，意味著未來的獲利將難以預測。在乍看之下，巴菲特只會考慮甲公司。

巴菲特的師父葛拉漢常說，不必叫胖子站上磅秤，就知他的斤兩，檢討公司以往獲利紀

表18.2　疑似遇上麻煩的具持久競爭優勢的公司

丙公司		丁公司	
年度	每股盈餘（美元）	年度	每股盈餘（美元）
91	1.07	91	1.07
92	1.16	92	1.16
93	1.28	93	1.28
94	1.42	94	1.42
95	1.64	95	1.64
96	1.60	96	1.60
97	1.90	97	1.90
98	2.39	98	2.39
99	2.43	99	2.43
00	0.48（大幅衰退）	00	- 1.69（虧損）

錄時也適用同樣道理。首先，蒐集過去七至十年間的每股盈餘數字，並觀察是否穩定，儘管非黑即白的例子很多，但處在灰色地帶的也不在少數，如果心存疑慮，別因害怕而裹足不前，只要嗅到有意思的味道，就要深入探究。

明辨一時的負面獲利消息

某些利空狀況會使當年每股盈餘受挫，可能是表現比往年差，或嚴重到出現虧損。

表18.2的丙公司在二〇〇〇年的表現顯然較一九九九年弱勢，丁公司更出現虧損。

直到二〇〇〇年以前，丙與丁的獲利均呈現強勢，且具一致性地成長。問題是，二〇〇〇年的表現究竟是一時失常，還是從此豬羊變色？答案在分析公司近年的表現，若發現公司具備競爭優勢，則必須釐清競爭優勢是否強到能克服障礙，現況不佳屬永久性，或可由管理階層或經濟環境逐步修正？

現在你該學會……

- 只要觀察一家公司十年來的每股盈餘，就能對它瞭若指掌。
- 巴菲特尋找的投資標的，過去十年的每股盈餘均呈強勁的向上走勢。
- 他對獲利劇烈變動的公司不感興趣。
- 他對歷年每股盈餘強勁，但近來暫時受挫的公司有興趣。

公式二：初期報酬率的測試

首先要了解，巴菲特是從「商業觀點」進行投資。換言之，他會根據持股比例，調整對被投資公司獲利的看法，例如：某公司每股獲利五美元，而巴菲特持有一百股，他會認為自己只賺了五百美元。

巴菲特認為，公司可以用股利的名義將五百美元付給他，或是將盈餘轉增資為公司增值，股市遲早會反映公司增值的事實，因而帶動股價上揚。

此種論點與多數華爾街專家相左，後者不將公司獲利視同自己擁有，除非收到股利。八〇年代早期，巴菲特的控股公司波克夏每股成交價為四百五十美元，如今每股約七萬五千美元，卻從未發過股利。股價上漲來自公司增值，也就是巴菲特將波克夏的保留盈餘再投資後的獲利。

既然巴菲特認為獲利應按照持股比例計算，就可以判斷一個人從某特定成交價中，獲得多少初期報酬率。

二〇〇〇年，H&R金融服務公司的每股成交價為三十美元，當年每股盈餘約二．五七美元，換言之若在二〇〇〇年以每股三十美元買進H&R，初期報酬率將會是八．六%。

巴菲特在二〇〇〇年以每股二十四美元買進百勝餐飲集團，當時每股盈餘為二．七七美元，初期報酬率為一一．五%。

巴菲特根據初期報酬率和預估獲利成長，認為他等於買進初期報酬率為八．五%的H&R權益債券，而且每股盈餘成長率約七．六%，所以他將這支股票視為債券，首年付息八．五%、第二年九．一%、第三年九．八%、第四年一〇．五%，以此類推，直到股票售出為止（以巴菲特持有長達二十八年的華盛頓郵報為例，截至二〇〇〇年，初期投資的年報酬率已經成長到一一六%）。

巴菲特和葛拉漢從此衍生出一套理論，主張買進成本決定投資報酬率，成本愈高、報酬

表18.3　甘尼特公司每股獲利狀況（1990至2000年）

年度	每股盈餘（美元）	年度	每股盈餘（美元）
90	1.18	96	1.89
91	1.00	97	2.50
92	1.20	98	2.86
93	1.36	99	3.30
94	1.62	00	3.70（未來值）
95	1.71		

率愈低；成本愈低、報酬率愈高。若想獲得最高報酬，必須盡可能用最低成本買進。

現在你該學會……

- 巴菲特對企業獲利的看法異於主流派。他將獲利依持股比例計算，如果每股盈餘五美元，他持有一百股，則他認為自己賺了五百美元。
- 巴菲特認為，若以每股二十五美元買進每股獲利五美元的股票，將獲得二〇%的初期報酬率。
- 買進成本決定投資報酬率高低。

公式三：判斷每股盈餘成長的測試

管理階層提高每股盈餘的能力，是投資增值的關鍵，每股盈餘的增加，依公司運用保留盈餘的方式而定，長此以往，市場會因為每股盈餘的增加，而提高對股票的評價。

檢視公司提升每股盈餘的能力，最速簡的方法，是計算過去十年和五年來，公司每股盈餘的年複利成長率，就可知道獲利在長短期間的年複利成長率。這兩個數字幫助我們了解公司長期的體質，並判斷管理階層的近程表現是否與長期表現一致。

首先，檢視報業巨擘甘尼特的年度每股盈餘：

把商用計算機拿出來。計算每股盈餘的年複利成長，將第一年視為現值，在這裡是一九九〇年的盈餘一．一八美元，以二〇〇〇年的三．七美元作為未來值。期數為十（一九九〇為基年、九一為第一年，二〇〇〇年為第十年），將計算機撥到「商用」模式，輸入一．一八，按現值鍵（PV），再輸入三．七，接著按未來值鍵（FV），輸入一〇，再按期數鍵（N），最後按CPT，緊接著按%i鍵，即得出十年期的年複利成長率為一二．一%。

同樣方式也可以計算一九九五至二〇〇〇年五年期的年複利成長率為一六．六%。

這兩個數字代表各種不同意義。首先，甘尼特在過去五年間的獲利成長，較一九九〇至二〇〇〇年的十年期間為高，你會問，造成這種改變的經濟力為何？在這段期間內甘尼特有買回自己的股票嗎？還是它挖到了會賺錢的新創事業？不然就是廣告收入增加，使獲利隨之提升？

表18.4　疑似遇上麻煩的具持久競爭優勢的公司

甲公司		乙公司	
年度	每股盈餘（美元）	年度	每股盈餘（美元）
89	0.95（現值）	89	0.95（現值）
90	1.07	90	1.07
91	1.16	91	1.16
92	1.28	92	1.28
93	1.42	93	1.42
94	1.64	94	1.64
95	1.60	95	1.60
96	1.90	96	1.90
97	2.39	97	2.39
98	2.43	98	2.43
99	2.70（未來值）	99	2.70（未來值）
00	0.48（排除此年）	00	-1.43（虧損，排除此年）

從每股盈餘成長率認清虧損公司

以下假設一個狀況是：公司獲利成長的力道一貫強勁，但近年每股盈餘卻呈現銳減或虧損，如表18.4所示的甲公司與乙公司。

在這個例子中，如何決定每股盈餘的成長率？

這其實完全視你的分析而定，如果你認為現況的問題八成會渡過，就大可將虧損年度排除在外，將首年往前推一年，於是甲、乙兩公司以一九八九年的每股盈餘〇．九五美元為現值，一九九九年的每股盈餘二．七美元為未來值，期數為十，年複利成長率約一一％。記得只有在確知現狀還有救，且不影響企業存活，才可以將最近年度除外（注意：也可以將期數改為八或九，但絕不可低於七）。

判斷每股盈餘的一致性與成長率

選一家你認為有持久競爭優勢的公司，用下頁表練習，計算公司的每股成長率。

計算近五年的獲利成長，以一九九五年為基期，二〇〇〇年為未來值，期數為五（N）。

現在你該學會……

- 管理者提高每股盈餘的能力，為股價成長的關鍵。
- 每股盈餘能否成長，視公司運用保留盈餘的方式而定。
- 長此以往，每股盈餘的增加，連帶提高市場對股票的評價。

公式四：股票相對公債的價值

巴菲特相信，各種投資標的間相互競爭，而公債殖利率則是各投資標的最終須超越的標竿。若想比較公司價值與公債，方法是將目前每股盈餘除以目前的公債報酬率。

以巴菲特二〇〇〇年投資的H＆R金融服務公司為例，每股盈餘為二．七七美元。將

表18.5 相對價值工作底稿

	公司名稱	每股盈餘		公債殖利率		相對價值	目前市價
1			÷		=		
2			÷		=		
3			÷		=		
4			÷		=		
5			÷		=		

二．七七除以二〇〇〇年的公債報酬率（大約六%），得出每股相對價值為四六．一六美元，換言之，若以這個價位買進一股H&R金融服務公司，報酬率將和六%的公債相等，因此H&R對公債的每股相對價值為四十六．一六美元。你不妨用這種方式在表18.5自己做練習。

二〇〇〇年，巴菲特以每股二十四美元買進H&R金融服務公司，價位低於股票對公債的相對價值，初期報酬率為一一．五%，高於公債的六%報酬率。股票和債券，你會投資哪一種呢？別忘了，從一九九〇至二〇〇〇年間，H&R的每股盈餘一直以七．六%的年成長率增加。

問你自己比較想擁有什麼？是報酬率六%、票面值二十四美元的債券，還是報酬率一一．五%的H&R權益債券，而且後者的每股盈餘以七．六%的年成長率增加？事實上你可能兩者都不想，但若必須擇其一，則H&R的權益債券必定較具吸引力。

如果H&R的權益債券無法使你興奮，想想巴菲特買進的全美第一大住宅家具製造商——家具品牌國際公司。他在二〇〇〇年以每股十四美元買進，若以當年每股盈餘一．九二美元計算，相當於一三．七％的初期報酬率，每股盈餘的年成長率為二八％。你喜歡投資報酬率為一三．七％，而且每年都會成長二八％嗎？當然喜歡！

許多分析師認為，如果將每股盈餘除以目前公債的報酬率，會得出公司的內在價值，但其實你得到的，只是公司對公債報酬率的相對價值。

記住：公債報酬率是所得稅前的報酬率，企業的淨利則是課過營利事業所得稅後的報酬率，若撇開租稅因素而將兩者做比較，將會是錯上加錯。但無論如何，以上方法在眾多工具中仍占有一定地位。

現在你該學會……

- 各投資標的相互競逐，爭取投資人的資金。
- 公債終究是最安全的投資標的。
- 公債殖利率和其他投資標的的報酬率形成競爭態勢。
- 想從商業角度判斷投資標的是否優良，可將投資標的的價值與公債比較，若是價值較公債利率高才值得投資。

公式五：每股盈餘的歷年成長率，可用以預測未來股價

請看以下範例：

一九八〇至九〇年間，報界巨擘甘尼特公司的每股盈餘不斷成長，因此可以用十年間的表現，預測甘尼特在一九九〇至二〇〇〇年間的每股盈餘、二〇〇〇年的股價區間，以及如果於一九九〇年買進一股甘尼特股票後於二〇〇〇年出售，年複利報酬率是多少。

一、預測甘尼特於二〇〇〇年的未來每股盈餘：

一九八〇至九〇年間，甘尼特的每股盈餘從〇．四七美元上升為一．一八美元，每股盈餘的年複利成長率九．六％，因此二〇〇〇年間的每股盈餘為二．九五美元，計算等式為：PV（一．一八），N（一〇），%i（九．六％），按CPT，再按未來值鍵（FV），結果是二．九五美元，即甘尼特於二〇〇〇年的每股盈餘。

二、預估甘尼特於二〇〇〇年的股價：

一九八〇至九〇年間，甘尼特的本益比介於一一．五到二十三倍，取其平均值為一七．五倍本益比。將甘尼特二〇〇〇年的預估每股盈餘二．九五美元乘以一七．五倍本益比，得

出二〇〇〇年預估股價為五一．六二美元。

三、假設於一九九〇年買進一股甘尼特股票，再於二〇〇〇年賣出，則年複利報酬率為多少？

只要閱讀《華爾街日報》，就知道一九九〇年甘尼特股票為每股一四．八美元。用商用計算機，在PV鍵輸入一四．八，FV輸入五一．六二，N輸入一〇，然後按下CPT鍵和利率鍵％i，即可算出年複利報酬率為一三．三％。換言之，若在一九九〇年以一四．八美元買進一股甘尼特股票，接下來的十年每年有一三．三％的複利報酬率。

由於我們使用的是甘尼特的歷史資料，因此可檢驗一九九〇年以每股十四．八美元做的投資實際情況如何。甘尼特於二〇〇〇年的每股盈餘為三．六三美元，相較於估計的每股盈餘是二．九五美元（估計本來就不會完全準確）。

甘尼特二〇〇〇年的每股成交價在五十三至七十美元之間，相較於估計價位是五一．六二美元。假設一九九〇年以一四．八美元買進，再於二〇〇〇年以每股五十三美元出脫，則稅前年複利報酬率將是一三．六％；如果於二〇〇〇年以七十美元的天價售出，一九九〇至二〇〇〇年間的稅前年複利報酬率高達一六．八％。

由於股市對甘尼特股票重新評價到更高的倍數，也使投資人獲利高於預期。

巴菲特不像許多觀察並書寫他的人所以為的，他並不計算特定股票的價值。巴菲特也不會像葛拉漢一樣，表示甘尼特每股價值X美元，但我卻能以一半價錢買進它。相反地，巴菲特會問，如果以每股X美元買進甘尼特股票，則依公司的實際營運狀況，到第十年底時，我的預期年複利報酬率會是多少？決定了預期年複利報酬率後，巴菲特再和其他投資標的相比，判斷年複利報酬率要多高，才能超越通貨膨脹。

經過前述運算，他可以買進一支股票，而不必每週或每月追蹤股價。巴菲特知道長期年複利報酬率大概會是多少，也知道長期下來市場的評價，將反映公司淨值的增加。這就是他對股市每日波動如此老神在在的原因。

現在你該學會……

- 如果一家公司具備持久競爭優勢，可用它的每股盈餘成長率預測未來股價。
- 巴菲特不專為某檔股票計算特定價值。
- 巴菲特問自己：如果我付X美元買進一股股票，在公司的實際營運狀況下，十年期的預估年複利報酬率會是多少？
- 巴菲特將他的預測和其他投資標的的報酬相比。
- 經過以上運算後，巴菲特可以買進股票，然後把華爾街每天對股票的評價忘得一乾二淨。

公式六：巴菲特偏好權益報酬率高的公司

按照巴菲特的邏輯，有持久競爭優勢的公司因獲利一致，使它們的股票也成了某種債券，他將這種股票稱為「權益債券」，這種「債券」的利息，相當於企業在一年當中的權益報酬，每股盈餘則是權益債券的殖利率。如果公司的股東權益價值（帳面價值）為每股十美元，每股淨利二．五美元，巴菲特會認為權益債券報酬率為二五％。

但由於企業獲利時高時低，因此權益債券的報酬率不如一般債券固定。巴菲特認為，權益債券的報酬率會變動，公司獲利上升對投資人有利，反之則不利。權益債券的報酬會因為權益（帳面價值）和淨利的關係改變而上下震盪。

為充分了解巴菲特為何對高股東權益報酬率如此感興趣，以下深入探討之前提過的假設案例。

股東權益的定義是：總資產減去總負債，相當於你對你的房子的權益。假設你用二十萬元買了一間房子供出租用，其中五萬元是自己的錢，另外的十五萬是銀行貸款，因此你投資在房子的五萬，就是你對財產的權益。

房子出租後，如果每年房租收入為一萬五千元，扣除費用、貸款的本金利息和稅金共一萬元，則每年淨利為五千元。於是五萬的權益報酬為淨利五千，相當於這間房子的權益報酬

表18.6 股東權益報酬率比較

	A公司	B公司
資產	1,000萬元	1,000萬元
負債	400萬元	400萬元
股東權益	600萬元	600萬元
稅後盈餘	198萬元	48萬元
股東權益報酬率	33%	8%

率一〇%。

同樣地，如果你擁有一家公司，在此稱為A公司，該公司的資產一千萬美元，負債四百萬美元，於是股東權益為六百萬美元。假設公司稅後盈餘為一百九十八萬，於是股東權益報酬率為三三%，也就是六百萬美元的股東權益，有三三%的報酬率。

想像你擁有另一家公司，姑且將它稱為B公司。假設B公司也有一千萬美元資產、四百萬美元負債，於是股東權益報酬率也如A公司一樣為六百萬美元。假設B公司僅獲利四十八萬，因此權益報酬率為八%。

表18.6的兩家公司資本結構完全相同，但A公司的獲利為B公司的四倍。當然A公司比較好。

假設A、B兩公司的管理階層都很稱職，A公司的管理階層擅長創造三三%的權益報酬率，B公司的管理階層則擅長創造八%的權益報酬率。你願意對哪家公司加碼？

如果我告訴你，你可以將B公司的股利投資在A公司，這麼做對你的決策是否有幫助？當然有。於是你會把錢從報酬率僅八%的

B公司取出，將它投資在報酬率為三三%的A公司。

現在你慢慢了解，巴菲特為何偏愛股東權益報酬率高的公司，然而一般人對高權益報酬率創造財富的能力顯然有些誤解。

假設你沒有A、B兩公司的股份，但你想買下一間企業，於是你去找兩家公司的業主，表示有興趣買下他們的事業，問他們意下如何。

之前說過，巴菲特認為投資公司報酬率終究要勝過公債的報酬率才行，政府徵稅的權力確保了公債安全性，投資人對此相當了解。巴菲特認為，各種投資報酬率的競爭，正是股市和利率呈反向連動的主要原因之一。報酬率一〇%的股票，遠比報酬率五%的公債更具吸引力，但若利率上升，以致公債的報酬變成一二%，這時股票的一〇%報酬率便頓失魅力。

了解以上原理後，A、B兩公司的業主，會比較他們將公司出售，再將所得投入公債的獲利，或許他們既能省去當老闆的麻煩，仍獲得相同利益，假設你在提出收購條件的同時，還可以選擇買進公債，賺取八%的報酬。

以A公司一年獲利一百九十八萬元來說，必須買進價值兩千四百多萬元的公債，才能獲得同額利息。於是A公司的業主會告訴你，他願意用兩千四百多萬元將公司賣給你，若你真用兩千四百多萬元買下A公司，所付代價約相當於六百萬元股東權益的四倍。

以B公司一年獲利四十八萬元為例，相當於用六百萬元買公債所賺到的利息。於是B公

表18.7　A公司的權益基礎變化　　單位：元

年度	權益基礎	權益報酬率（%）	盈餘（加到次年度權益基礎）
1	6,000,000	33	1,980,000
2	7,980,000	33	2,633,400
3	10,613,400	33	3,502,422
4	14,115,822	33	4,658,221
5	18,774,043	33	6,195,434
6	24,960,478	33	8,239,927
7	33,209,405	33	10,959,104
8	44,168,509	33	14,575,608
9	58,744,117	33	19,385,559
10	78,129,675	33	25,782,793
11	103,912,470	33	34,291,115

司業主表示，願以六百萬元將公司賣給你。換言之如果你用六百萬買下B公司，付出的代價等於股東權益。

巴菲特對投資標的次年的獲利並不太有興趣；他只對十年內的獲利有興趣。然而短視的華爾街卻將目標鎖在現況，巴菲特發現若想發揮持久競爭優勢與複利報酬率的力量，必須將眼光放得遠一點。這就是巴菲特為何如此看重有持久競爭優勢及股東權益報酬率高的公司。

讓我們看看巴菲特如何看待此種狀況。

巴菲特認為，A公司遠比B公司吸引人。A公司的經濟面能為股東權益創造三三%的報酬率，如果管理者將盈餘保留下來，則保留盈餘也將賺取三三%的報酬率。股東權益會逐年增加，而巴菲特感興趣的，就是權益成長及其帶動的獲利增加。

表18.8　B公司的權益基礎變化　　單位：元

年度	權益基礎	權益報酬率（%）	盈餘（加到次年度權益基礎）
1	6,000,000	8	480,000
2	6,480,000	8	518,000
3	6,998,400	8	559,872
4	7,558,272	8	604,662
5	8,162,934	8	635,035
6	8,815,969	8	705,278
7	9,521,247	8	761,700
8	10,282,947	8	822,636
9	11,105,582	8	888,447
10	11,994,028	8	959,522
11	12,953,550	8	1,036,284

上頁表18.7是A公司股東權益的基礎以三三％的年複利報酬率增加的情形（記住：巴菲特會抓住最高的複利報酬率不放）。

到第十一年初，A公司的權益基礎將成為一億零三百九十一萬餘元，預估第十一年的獲利為三千四百二十九萬多元。如果公債殖利率仍為八％，得買下約四億兩千九百萬元的政府公債，才創造得出同樣的獲利水準。

如果你在第一年初，以兩千四百七十五萬元投資在A公司，到第十一年初再依權益價值將該公司售出，實際持有該項投資十年，則年複利報酬將會是一五・四％，遠勝過銀行存款利息。

B公司的經濟面只能創造八％的股東權益報酬率，即使管理者將獲利保留，保留盈餘也只能成長八％，股東權益每年只成長八％。

如果你在第一年初以六百萬買下B公司，再

於第十一年初依該公司的權益基礎一千兩百九十五萬售出，實際持有投資十年，你的年複利報酬率將為八%（見表18.8）。

現在假設你只有六百一十八萬七千五百元，則用全部的錢買B公司，會勝過持有的A公司二五%的股權嗎？巴菲特認為即使只買下A公司二五%的股權，都要比完全擁有B公司來得好。現在你可能會明白，如果預期十年內都有三三%的年複利報酬率，則以兩千四百七十五萬，或本益比十二·五倍來買A公司，將會是相當罕見的好生意，其實A公司的價值可能不只這些，這時巴菲特就要問：A公司究竟值多少錢？讓我們算一下。

假設你不是用十二·五倍本益比買下A公司，而是以五千九百四十萬，也就是A公司三十倍本益比買下它，再假設你在第十一年初，以當年預估獲利三千四百二十九萬一千一百一十五元的一二·五倍售出A公司，也就是四億二千八百六十三萬八千九百三十七元，則年複利報酬率將為二一·八%。

如果你以A公司一年的四十倍本益比買下它（七千九百二十萬），再於第十年以十二倍本益比售出，年複利報酬率會是一八·三%，對多數投資管理人來說，一八·三%的年複利報酬率只會在夢中出現。

巴菲特因持久競爭優勢而受益，且維持高保留盈餘（即股東權益）報酬率的傑出企業，雖然本益比看似很高，但買了卻不會吃虧。

有些讀者可能會想，以上案例純屬虛構，根本不會發生在真實世界，這是個有效率的股市，定價反映企業的真實價值。

這麼想吧：

一九九三年，必治妥施貴寶公司的股東權益報酬率約維持在三五%左右。如果在一九九三年對必治妥施貴寶投資十萬美元，並持有八年直到二〇〇一年，則原本的投資將成長到五十三萬八千美元的股票市值，約相當於二三%的稅前年複利報酬率，加上原本會收到的股利（約三萬七千美元），於是稅前年複利報酬率會上升到二四%。想像你投資一家公司後，連續八年賺進二四%的稅前年複利報酬率，而且這家公司從一八八七年便開始營業，持久性不言而喻。

巴菲特早就了解必治妥施貴寶的持久競爭優勢及高股東權益報酬率，於是便買進九十五萬七千兩百股。接下來就是投資傳奇與億萬富翁的故事了。

現在你該了解……

- 巴菲特將股票視為一種權益債券，每股盈餘等於權益債券的殖利率。
- 由於企業獲利逐年改變，權益債券的報酬率也不像一般債券般固定不動。
- 報酬率提高有利投資人，反之則不利。

●權益基礎增加，以及隨之而來的獲利增加，才是巴菲特感興趣的。

公式七：決定年複利報酬率的第一步

巴菲特想出一種方法，為具備持久競爭優勢的投資標的計算年複利報酬率。當股價下跌到某個程度，使預估年複利報酬率變得有吸引力時，巴菲特便進場買進。利空現象創造買點。股價過高會導致預估複利報酬率降低，這時巴菲特會按兵不動，一旦股價到達真正低點，將使預估複利報酬率提高，於是巴菲特便拿出支票簿，像個瘋子似地大買特買！

在巴菲特的世界裡，預估年複利報酬率具有至高無上的重要性。然而在我們深究以下公式前，應該了解所有數學等式只是讓你對企業經營狀況認識更清楚。每個計算式都給你一點不同的東西，讓你用另一種觀點看待企業的獲利能力，獲利能力是可預測性的關鍵，而預測未來結果則是致富關鍵。

巴菲特定義的企業內在價值是：以公債利率作為折現率，將未來的年獲利折現後加總的結果。巴菲特引用威廉斯（John Burr Williams）的《投資價值理論》（*The Theory of Investment Value*）作為定義的根據，威廉斯則引述自威斯（Robert F. Wiese）的〈未來價值投資〉（Investing for Future Value）。威斯表示：「無論股票或債券，任何證券的適當價格，是將所有未來的所得，以目前利率折現後加總。」（有意思的是，威廉斯和威斯都提到未來的股利，而非企業未來的獲利。巴菲特則是將未來獲利折現，而不問這些利潤是否以股利形式發放。）

我們都知道，預估企業未來一百年的獲利幾近不可能。當然大可一試，但現實告訴你，某些變化將破壞或改變企業的經濟狀況。光看廣播電視業就知道了，四〇年代美國的廣電業可謂水波不興，六〇及七〇年代讓每位從業人員賺飽飽，畢竟總共就那麼三個頻道，三家電台的壟斷地位屹立不搖。巴菲特說在八〇年代早期，如果他只能投資一家公司，然後到荒島上過十年，則非首都莫屬，他對廣電業可真是信心十足呀！

可是到二〇〇〇年的時候，巴菲特認為電視這行生意已經大不如前。如今幾十個頻道爭食廣告收入，所有電視業者又必須和網際網路爭寵，想找到絕對不會陣亡的企業還真難。

歷史告訴我們，無論你的名字叫做梅第奇（Medici）、克魯伯（Krupp）、羅斯柴爾德（Rothschild）、溫徹斯特（Winchester）或是洛克菲勒（Rockefeller），做生意也不見得十拿九穩。早期電視台掌握的競爭優勢，可能因技術改變或政府機關的掣肘而在一夜之間消失，過去荷蘭人橫渡非洲南端，毀了威尼斯對東方貿易的獨占地位，後來威尼斯的梅第奇家族花五百年試圖扳回一城。物換星移，儘管歷史有時重演，然而幸運之神會眷顧那些不斷嘗試新生意，尋找賺錢新方法的勇者。

如此看來，如果你自認有百萬分之一的機率，能預測一家公司在未來五十至一百年間的獲利，再將這些數據折回現值，那麼你可是在自找麻煩，因為變數實在太多。

有趣的是，葛拉漢也曾在著作中提及，將公司未來獲利折現會產生荒謬的評價，尤以獲利成長一直持平者為然，他表示：「沒有一種涇渭分明的計算方式，能針對不斷成長的獲利能力準確預測。」

考慮各種變數

有些分析師將未來獲利分為兩個時期，試圖解決上述問題。第一是指定高成長率，第二是指定較低的成長率，據威廉斯的說法，此處的問題是，只要獲利成長率低於折現率，股票價值就會是有限的，即使不對成長設限也一樣。

另一個問題則是選用的折現率。事實上，選用公債殖利率，是讓企業未來獲利的現值，與公債獲利產生關聯，利率變動則評價結果也跟著變，利率愈高、評價愈低；利率愈低、評價愈高。

用公債殖利率作為折現率的另一個問題，在於未將租稅考量在內。於是利率八％的公債，稅後報酬率只有五．五二％，因此在將公司未來獲利折現時，應該援用營利事業所得稅後的數字，換言之，除非將獲利以股利方式發放，否則八％的報酬率依然會是八％。

巴菲特預估公司未來十年的每股權益價值，是用權益報酬的歷史趨勢，減去股利發放比率而得。

巴菲特先估計公司十年內的權益價值，再將每股權益價值乘以未來十年的預估權益報酬率，得出預估每股盈餘。接著預估股票的未來成交價，再以股票的買進成本作為現值，計算估計的年複利報酬率，最後將預估年複利報酬率，與風險相當的投資標的預估報酬做比較，並考慮通貨膨脹的因素。

以波克夏為例。一九八六年，波克夏的每股股東權益為二〇七三美元，一九六四至八六年間，它的股東權益報酬率為二三．三％。回到一九八六年，若想預估該公司於二〇〇〇年的每股權益數字，只要將商用計算機撥到商學模式，進行未來值的計算即可。讓我們一起做。

首先將一九八六年的每股權益價值二〇七三作為現值（PV鍵），二三．三％的成長率作為利率（％i），十四為期數（N鍵），按下計算鍵（CPT），接著再按未來值（FV），於是計算機會告訴你，波克夏於二〇〇〇年的每股權益價值應該是三八九一一。

這時你應該會自問，我願意在一九八六年付多少美元，換取在二〇〇〇年擁有三萬八千九百一十一美元股東權益的權利？首先決定你想要的報酬率，如果你和巴菲特一樣，一五％的報酬率是你能接受的底線，於是只需要用一五％作為折現率，將三八九一一折為現值即可。

首先清除計算機上有關前次計算的數字。將三八九一一作為未來值（FV），接著是折現率一五％（％i），期數為十四（N），接著按下計算鍵（CPT）和現值鍵（PV），於是計算機會告訴你，如果現在是一九八六年，你最多是以每股五四九九的價位買進股票，而後在未來十四年每年獲取一五%報酬率。

如果查看一九八六年的報紙，會發現波克夏當年每股市價約為兩千七百美元，你會想，哇，我的報酬可能比我想要的一五%還更高，想知道答案的話，將二七〇〇輸入現值（PV），三八九一一為未來值（FV），期數（N）為十四，接著按下計算鍵（CPT）和利率（%i），得出預期年複利報酬率為二〇．九%。

截至二〇〇〇年，波克夏每股權益價值的實際複利年成長為二三．六%，市值為四萬零四百四十二美元。

不過聽著。正當你耐著性子等波克夏增值之際，市場決定波克夏是支好股票，於是在二〇〇〇年前的這段期間，將每股股價推到七萬一千三百美元，最低也有四萬八百美元之多，如果在一九八六年以兩千七百美元買進一股波克夏，到二〇〇〇年以七萬一千三百美元賣出，相當十四年來的稅前年複利報酬率為二六．三九%。如果在二〇〇〇年以每股四萬零八百美元賣出，稅前年複利報酬率約為二一．四%。

假設在二〇〇〇年以七萬一千三百美元買進一股波克夏後持有十年，則稅前年複利報酬率是多少？

我們知道，波克夏於二〇〇〇年的每股權益價值約四萬零四百四十二美元，且過去二十五年來一直以大約二三・六％的平均年複利報酬率成長，可從而預估十年後的二〇一〇年，波克夏的每股權益價值將成為三十三萬六千五百二十四美元。

那麼年複利報酬會是多少？將未來值（FV）輸入三三六五二四，現值輸入七一三〇〇，期數（N）輸入十，按下計算鍵（CPT）再按利率（%i），立刻出現年複利報酬為一六・七％。有點有趣，但又不會太有趣。買進波克夏在二〇〇〇年的每股七萬一千三百美元的價位，從生意角度來說究竟是否划算，尚在未定之數。

沒錯，股市到二〇一〇年之前說不定會很熱，使波克夏的股價遠高於每股權益，這對今天買進波克夏的人來說不啻為好運降臨，但之後股市對波克夏的評價可能又降低。實情是，如果花七萬一千三百美元買一股波克夏，年複利報酬率將約為一六・七％，即使目前股價只是曇花一現，企業的長期經濟面，終究是股價的決定因素。

別忘了巴菲特的哲學提到，買進成本決定報酬率的高低，所以說，如果你在二〇〇〇年以每股最低價四萬零八百美元買進一股波克夏，再於二〇一〇年以其權益價值三十三萬六千五百二十四美元售出，則十年間的稅前年複利報酬將會是二三・四％，比每股花七萬一千三百美元賺到的一六・七％報酬率更吸引人。

在波克夏的例子中，付的錢愈少，報酬率愈高，反之則報酬率愈低。付得愈多、報酬愈少；付得愈少、報酬愈多。就這麼簡單。

表18.9 每股帳面價值權益基礎變化 單位：美元

0（年度）	基期的現值：40,442
1	
2	
3	
4	
5	
6	
7	
8	
9	
10	未來值：163,610
	163,610乘以1.5，等於波克夏於二〇一〇年的股價245,415

如果你不相信巴菲特的資金能保持二三．六％的報酬率，或許可以將成長率調降為比較平庸的一五％試試。

在二〇〇〇年每股權益價值約為四萬零四百四十二美元，同時估計成長率為一五％的情況下，我們能預估到二〇一〇年時，每股權益價值將成為十六萬三千六百一十美元。倘若在二〇〇〇年以四萬八百美元買進一股波克夏，後於二〇一〇年以十六萬三千六百一十美元賣出，年複利報酬率將約為一四．八％，若每股投資成本為七萬一千三百美元，年報酬將降到微薄的八．六％，如此則既不有趣，也沒啥賺頭。

預估波克夏未來成交價的工作底稿

讓我們用一五％的成長率，計算波克夏未來的成交價，並假設二〇一〇年股票以帳面價值的一‧五倍在市場上交易。

從上頁表18.9看出，如果在二〇〇〇年以四〇八〇〇美元買進一股波克夏，再於二〇一〇年以二十四萬五千四百一十五美元售出，預估年報酬率將會是一九‧七%，但如果成本為七萬一千三百美元，則年報酬率將下降到一三‧二%（注意：你也可以替所有預估年份計算未來帳面價值，再替每一年計算成交價，看看到底在哪一年以何種價值買進，才有最好的報酬率）。

現在你該了解……

- 如果一家公司的淨利不斷上升，則將未來各年所得折現是不可能的，巴菲特重視每股獲利更甚於發放股利。
- 判斷一家公司未來五十年的所得，也是不可能的事。
- 判斷一家公司在未來十年的大概獲利，是可能的。

公式八：獲利的現況與未來

在之前的幾個部分中，我們學會如何從預估未來每股權益價值，計算波克夏的未來價值。我們也了解，一旦決定未來值，就可能預估投資標的的預估年複利報酬率。

在這一課中，我們將預估一家公司的未來每股盈餘，再決定它的未來市價，然後利用這些計算的結果，預估投資該公司將創造多少年複利報酬率。

探討巴菲特做決策的真實案例會是很有益的，以下案例是關於他如何開始買進必治妥施貴寶持股的經過。

怎麼買必治妥施貴寶？

一九九三年，巴菲特沿用他「權益等於債券」的理論基礎，以每股大約十三美元買進九五七二〇〇股必治妥施貴寶的權益債券（股票），總投資額約一千兩百四十四萬三千六百美元。當時必治妥施貴寶的每股股東權益為二．九美元，每股淨利一．一美元。巴菲特當時認為，買進必治妥施貴寶權益債券，相當於買進一張價值一．一美元的息票，意味著每一股權益債券的權益報酬率為三七．九%，其中公司保留約三五%，剩餘的六五%則以股利形式發給股東。

所以說，理論上當巴菲特以每股權益價值二．九美元買進必治妥施貴寶的權益債券時，他算出這筆權益債券，實際創造了三七．九%的報酬率，他也知道這些報酬被切割成兩種不同型態。

其中一種是公司保留的部分，也就是三七．九％權益報酬率的三五％，相當每股盈餘一．一美元中的〇．三八美元。這部分的收益已經課過營利事業所得稅，無需再被課以州稅或聯邦稅。

另一種報酬是股利，也就是每股盈餘一．一美元中的〇．七二美元。這部分的報酬必須以股利收入的名義，課以個人或營利事業所得稅。

於是這三七．九％的權益報酬就被分成兩種不同的收益，一部分是〇．三八美元也就是一三．二五％的權益報酬率，這部分被必治妥施貴寶公司保留，提高該公司的權益基礎。另一部分則是〇．七二美元，也就是二四．六五％的權益報酬率，這部分由必治妥施貴寶公司以股利方式發放給股東。

若假設必治妥施貴寶在未來十年均能保持三七．九％的權益報酬率，同時繼續將三五％的獲利保留，將剩餘六五％以股利方式發放，每年便可將權益報酬三七．九％的三五％加到每股權益基礎上，作為預估未來每股權益價值及每股盈餘之用。

如此一來，若必治妥施貴寶公司於一九九三年的每股權益價值為二．九美元，將二．九美元增加一三．二五％，就得出九四年的每股權益為三．二八美元。

想計算二〇〇三年的每股權益價值，將二．九輸入現值（ＰＶ），一三．二五為複利年成長率（％ｉ），一〇為期數（Ｎ），然後按下ＣＰＴ鍵，再按未來值鍵（ＦＶ），即可得出

表18.10　必治妥施貴寶1993年至2003年預測　　單位：美元／股

年度	權益價值	每股盈餘	發放股利	保留盈餘＊
93	2.90	1.10	0.72	0.38
94	3.28	1.24	0.81	0.43
95	3.71	1.41	0.92	0.49
96	4.21	1.59	1.03	0.56
97	4.77	1.80	1.17	0.63
98	5.40	2.04	1.33	0.71
99	6.11	2.32	1.51	0.81
00	6.92	2.62	1.70	0.92
01	7.84	2.97	1.93	1.04
02	8.88	3.37	2.19	1.18
03	10.06	3.81	2.48	1.33
＊加到次年的權益基礎		合計	15.79	8.48

二〇〇三年的預估每股權益價值為一〇・〇六美元。

接著計算必治妥施貴寶從一九九三至二〇〇三這十年間的每股權益和每股盈餘（見表18.10）。預估多半是多此一舉。財務分析師大都只願意預估一、兩年的獲利，然後就發表企業概況，宣布應該買進。但葛拉漢認為，分析師的真正角色在確認企業的獲利能力，並針對企業長期的獲利能力做出預測。

在表18.10中，我們預估十年期的每股盈餘，這麼做在多數情況下都屬瘋狂之舉。然而正如巴菲特所發現的，如果高股東權益報酬率來自某種持久競爭優勢，則可相當準確地預估長期間的獲利。

從一九九三年觀之，如果必治妥施貴寶在一九九三到二〇〇三年十年間，都能維持三

表18.11　預估必治妥施貴寶每股盈餘與實際結果比較　單位：美元

年度	預估每股盈餘	實際每股盈餘	失誤比率（%）
93	1.10	1.10	0
94	1.24	1.15	8
95	1.41	1.28	10
96	1.59	1.42	12
97	1.80	1.61	12
98	2.04	1.55	32
99	2.32	2.05	13
00	2.62	2.40	9
01	2.97	2.55	16

七．九%的股東權益報酬率，我們就能據此估計該公司於二○○三年每股盈餘將約為三．八一美元，到那時巴菲特也將收到相當一千五百一十一．四萬美元的稅後股利（累積股利一五．七九美元乘上九五七二○○股）。

巴菲特也能預測到二○○三年時，他將從必治妥施貴寶的投資回收一千兩百四十四．三萬美元，同時保有九十五萬七千兩百股。如果該公司過去的市價為預估每股獲利三．八一美元的十八倍，則九十五萬七千兩百股必治妥施貴寶股票，每股應該在六十八．五八美元左右，或者市值為六千五百六十四．五萬美元，換言之如果巴菲特在二○○三年賣出必治妥施貴寶持股，他將有六千五百六十四．五萬美元的售股收入，以及一千五百一十一．四萬美元的股利收入，共計八千零七十六萬美元，一點也不賴。

一切財富皆因必治妥施貴寶公司能讓保留盈餘賺到三七．九%的股東權益報酬率。該公司保留股東權益報酬率三七·九%的三五%，且無需再被課個人所得稅，也使股東權益基礎增加，「利上滾利」的結果，為保留盈餘創造有效的加成效果。

以上我們估計了一九九三至二〇〇三之間的每股盈餘，現在拿來與該公司在一九九三至二〇〇一年間公布的實際結果相比（見表18.11）。

由前述看出，從一九九三年起八年間的預估值，產生的失誤率在八%到三二%之間，還不算離譜，雖然充滿變數，但第七年的失誤率則低到九%。

我們在一九九三年的預估，顯示必治妥施貴寶於二〇〇一年每股約為五十三美元。事實上在二〇〇一年期間，必治妥施貴寶的每股市價介於最低的五十美元與最高的七十美元間，也就是巴菲特的九十五萬七千兩百股，價值在四千七百八十萬和六千七百萬美元間，稅前年複利報酬一八·三%到二三%，如果加上大約六百零四萬美元的股利，則巴菲特的稅前年複利報酬率將上升到二〇%和二四·八%之間。事實上，股市已發覺必治妥施貴寶有長期的經濟實力，於是將股價推升到二十至二十七倍本益比之間。凡計畫必有變化，但若持久競爭優勢和必治妥施貴寶一樣強，往往會使你獲得意外驚喜。巴菲特也享受到了這樣的驚喜。

或許必治妥施貴寶也曾有過小挫折，但它的經濟實力仍不斷為股東創造獲利，最大的祕訣就是不要花太多錢買。記住：用對的價格買進終將使你致富，付錯錢則落得灰頭土臉。

重點是——

最好使用過去十年來的平均本益比。你也應該用過去十年間最高和最低的本益比，讓你對最好和最壞的狀況有更多了解。不過此處的警告是，股價不見得能回到歷史上的高本益比，依靠過去高本益比做預測，可能導致災難的發生。因此，把握住過去十年間的平均本益比，特別是當高低點間的差異很大時。心存疑慮時，選擇中道準沒錯。

巴菲特投資法速記

- 某些公司的未來獲利能被較準確地預測，有助於對未來十年股價產生較精確的認識。
- 根據獲利預測來估計未來股價時，務必使用過去十年的平均本益比。
- 在不可預知的變數下，千萬別採用十年以上的獲利預測。

19 從個案看巴菲特投資思維

以下個案討論，將運用巴菲特的公司評價方法做印證。這些個案研究包括巴菲特於二〇〇〇年收購的H&R金融服務公司和拉茲男孩休閒躺椅公司，也收錄了出現在《巴菲特原則》的個案——房地美公司。這些個案研究之所以有趣，在於能夠驗證《巴菲特原則》中，巴菲特當初的預測是否正確。

個案研究的形式都相同，唯獨在價格分析與預期年複利報酬率的估計上稍有差異，這麼做是為了讓分析過程增添變化，也讓讀者知道各種財務等式的應用方式。

個案一：H&R金融服務公司

這家公司是所得稅申報專家，提供報稅服務超過五十年。巴菲特最早從價值線上得知該公司（他自己申報個人所得稅，沒有請會計師代勞），從此便密切注意多年。他自一九九九年的泡沫破滅後開始買進，二〇〇〇年間，他以每股約二十九美元買進八%的持股。這是家難得的好公司。

近來該公司將觸角延伸至金融服務領域，先後收購不少公司。根據之前提過的資料收集程序後，我們就可以和巴菲特一樣開始分析：

一、該公司銷售的是具備持久競爭優勢的品牌產品或服務，還是競價型的產品或服務？

一想到報稅，就想到H&R。該公司成功地讓全世界知道它是全美最大的稅務服務公司，且營業超過四十五年。H&R在一九五五年由布洛克（Henry and Richard Bloch）兩兄弟成立於堪薩斯城，至今有一萬多個據點分布在美國、加拿大、十三個海外國家和兩個美國屬地，服務全球一千九百多萬名美國納稅義務人。基本服務項目為「租稅申報」，自開張以來從未更改，未來也將持續下去。若想與之競爭，得耗費數十億美元攻城掠地才辦得到，這正是最令巴菲特滿意之處。進入障礙大，意味著在未來四、五十年間，H&R極可能在報稅市場上獨領風騷。

二、你了解產品或服務的運作方式嗎？

你在四月一日早上醒來，突然想到如果再不報稅，恐怕就要進大牢，於是你跑到郵局，拿了一堆報稅表格，看了一眼，發現等到你曉得如何填寫時，早已到了夏天，這時絕望至極的你抓起所有表格，跑到H&R金融服務公司，報稅專家一下子就把稅單填妥，只要花區區六十一·九五美元就能放下心中大石，還可能收到退稅支票。

三、公司對舉債持保守態度嗎？

二〇〇〇年的長期負債為八億七千兩百萬美元，獲利為兩億五千一百萬美元，只需三年半即可清償所有債務。

四、公司獲利能力是否強勁，且是否呈現向上趨勢？

H&R的會計年度結束於每年六月一日，換言之一九九九年的會計年度，以二〇〇〇年的六月一日為結束日。巴菲特的分析，是依據一九九九年的獲利，也就是每股盈餘二·五六美元，以及從一九八九至九九年間獲利以八·二%的年複利成長率增加來計算（見表19.1）。

除一九九五年因為出售子公司造成獲利減少，其餘年度的獲利均呈向上趨勢。

表19.1

年度	每股盈餘（美元）
89	1.16
90	1.30
91	1.49
92	1.68
93	1.78
94	1.80
95	1.18
96	1.36
97	1.62
98	2.36
99	2.56

五、公司只將資金配置到專長的業務領域嗎？

H&R金融服務公司對本身的營運、開發家用稅務軟體和收購金融服務公司等，一向不遺餘力，因此答案為「是」。

六、公司一直有股票買回的措施嗎？

一九八九至二〇〇〇年間，共買回九百萬股發行在外股票，表示管理階層努力運用資金為股東提高價值。

七、管理階層對保留盈餘的投資，提升了每股盈餘，進而為股東創造價值嗎？

一九八九年，該公司每股盈餘一・一六美元，表示截至一九八九年底，累積的所有資金在當年為股東每股賺進一・一六美元。一九八九年底到九九年底間，每股獲利總計為十七・一四美元，其中每股發放股利九・三四美元，剩下的七・八美元成為保留盈餘。

在這段期間，每股盈餘從一・一六美元增加為二・五六美元。將一九九九年的每股盈餘二・五六美元，減去一九八九年的每股盈餘一・一六美元，兩者之差為一・四美元，於是我們可以認為，H&R融服務公司從一九八九至九九年間的每股盈餘七・八美元，為一九九九年創造一・四美元的每股報酬成長。

表19.2

年度	權益報酬率（ROE）
89	24%
90	25%
91	26%
92	27%
93	26%
94	27%
95	12%
96	30%
97	13%
98	22%
99	23%

表19.3

年度	總資本報酬率（ROTC）
89	24%
90	25.1%
91	26%
92	27%
93	26%
94	27%
95	12%
96	30%
97	11%
98	18%
99	15%

八、該公司的權益報酬率高於平均嗎？

當權益報酬率高於平均時，巴菲特將此視為好現象。過去三十年來，美國企業的平均權益報酬率為一二%，表19.2是H&R在過去十年來的權益報酬率。

過去十年來，H&R的平均權益報酬率約二二%，充分證明具備持久競爭優勢（注意：一九九五與九七年的低報酬率，與該公司出售事業有關）。

九、該公司的總資本報酬率居高不下嗎？

價值線的統計資料列出H&R金融服務公司的總資本報酬率如表19.3。

過去十年的平均總資產報酬率約二〇%，但更重要的在於其居高不下，充分展現持久競爭優勢。

十、該公司能根據通貨膨脹自行調整定價嗎？

是的。

十一、是否需要大額資本支出，使廠房設備跟得上時代？

不需對製造及研發做大額資本支出。

H&R營業據點多，並在報稅旺季增雇員工。獲利用於開設更多據點，尋找有利商機，要不就買回自家股票，而這一點它們真的做到了。

和政府公債的價值比較

一九九九年，H&R金融服務公司的每股盈餘為二．五六美元，將二．五六除以當年度長天期政府公債的利率（約六％），得出每股有四十二．六七美元的相對價值，換言之，若用四十二．六七美元買進一股H&R，報酬率將等於政府公債。H&R於一九九九年第二季的每股股價曾跌到二十八美元的低價，巴菲特的平均成本約在二十九美元。

若以一九九九年二．五六美元的每股盈餘為例，假定以二十八美元買進，則初期投資報酬率將約為九％，十年期每股盈餘複利成長率為八．二％，因此你可以問自己：我願意花二十九美元買進政府公債，賺取固定的六％報酬率，還是買一股H&R權益債券，獲得九％的初期投資報酬率，而後報酬以八．二％的年成長率增加？

使用歷史資料來估計年複利報酬率

巴菲特知道，如果每股盈餘維持八・二%的年成長率，到二〇〇九年以前每股盈餘將增加至五・六五美元。如果H&R於二〇〇九年的股價仍延續過去十年來的二十二倍本益比，則市價將為一百二十四・三美元。

假設在一九九九年以二十九美元買進一股H&R，依據上述方法，可以預測十年內每股變為一二四・三美元，約一五・六%的稅前年複利報酬。

波克夏於二〇〇〇年約買進H&R公司八・四三%流通在外的股份。

巴菲特認為，波克夏等於買進殖利率約九%的權益債券，而且年息成長率為八・二%，若持股十年，則估計稅前年複利報酬會在一五・六%到一七・四%之間，換言之，波克夏投資的二十九美元，十年內的稅前價值將介於一百二十四到一百四十四美元之間。聽起來很夢幻，不是嗎？這麼想吧，截至二〇〇一年六月一日，H&R金融服務公司的每股市價是六十美元，等於為巴菲特賺取一〇七%的投資報酬。可見投入有持久競爭優勢的公司，不必非要等十年才能致富。

個案二：拉茲男孩休閒躺椅公司

這家公司堪稱躺椅之王，也製造彈簧椅及沙發、沙發床、桌子、飯廳和臥室家具。成立四十餘年，持久的基礎穩固。巴菲特第一次在價值線上看到這家公司的數字，自此便注意了好幾年。二〇〇〇年二月股市崩盤後，他開始以每股約十四美元的價位買進，截至二〇〇一年十二月每股成交價為二二．五美元，是少見的好公司。

一、該公司銷售的是具備持久競爭優勢的品牌產品或服務，還是競價型的產品或服務？

想到躺椅，就想起拉茲男孩休閒躺椅公司，該公司並擁有不少其他美國知名的品牌家具製造商。

二、你了解產品或服務的運作方式嗎？

你下班回家，精疲力竭、雙腳疼痛，於是立刻躺上該公司出產的躺椅，打開電視好好輕鬆一下。

表19.4

年度	每股盈餘（美元）
90	0.43
91	0.46
92	0.50
93	0.63
94	0.67
95	0.71
96	0.83
97	0.92
98	1.24
99	1.56
00	1.61

三、該公司對舉債持保守態度嗎？

二〇〇〇年的長期負債共一億美元，在年獲利九千兩百萬美元的強勁實力下，只要一年多即可輕鬆將債務清償。

四、該公司獲利能力是否強勁，且是否呈現向上趨勢？

是的，公司在二〇〇〇年的每股獲利為一．六一美元，從一九九〇至二〇〇〇年間，年複利成長率是一四．一％（如表19.4）。

五、該公司只將資金配置到專長的業務領域嗎？

是的。拉茲男孩休閒躺椅公司一直有進行投資，也收購其他家具製造商。

六、該公司一直有股票買回的措施嗎？

一九九〇至二〇〇〇年間，該公司買回二％股份，或一百四十萬股流通在外的股票，表

表19.5

年度	權益報酬率（ROE）
91	10.2%
92	10.4%
93	11.9%
94	11.2%
95	11.4%
96	11.4%
97	12.6%
98	15.9%
99	17.0%
00	16.5%

表19.6

年度	總資本報酬率
90	9.0%
91	9.1%
92	9.0%
93	10.5%
94	9.5%
95	10.2%
96	11.3%
97	11.1%
98	14.3%
99	14.5%
00	14.5%

示管理階層會盡力運用資金來提高股東價值。

七、管理階層對保留盈餘的投資，提升了每股盈餘，進而為股東創造價值嗎？

從一九九〇年底至二〇〇〇年底之間，每股盈餘共九．一二美元，公司共發放股利二．六三美元，剩餘的每股六．四九美元則保留下來增加到權益基礎。

這段期間的每股盈餘從〇．四三美元增加到一．六一美元，成長了一．一八美元，可以認為該公司在這段期間保留的六．四九美元，為二〇〇〇年多創造所得一．一八美元，相當一八．一八%的報酬率。

八、該公司的權益報酬率高於平均嗎？

過去三十年來，美國企業的平均權益報酬率

約一二%，拉茲男孩休閒躺椅公司在過去十年的權益報酬如上頁表19.5。

過去十年平均權益報酬率約一二・八%，略高於美國企業的平均值，然而重點在於這段期間的權益報酬率遠高於往年。

九、該公司的總資本報酬率居高不下嗎？

價值線列出拉茲男孩休閒躺椅公司的總資本報酬率如上頁表19.6。

過去十年來，總資本報酬率平均值為一二・三%，略高於平均值，但更重要的是，過去三年來總資本報酬居高不下，顯現具備持久競爭優勢。

十、該公司能根據通貨膨脹自行調整定價嗎？

是的。

十一、是否需要大額資本支出，好讓公司的廠房設備跟得上時代？

過去四十年來，公司一直在製造大同小異的躺椅，沒有必要持續更新廠房，也不需將獲利投入研發。

該公司賺錢時，會收購其他家具公司或買回自家股票，而且確實辦到了。

和政府公債的價值比較

以拉茲男孩休閒躺椅公司為例，二〇〇〇年每股盈餘為一・六一美元。將一・六一除以二〇〇〇年的長期政府公債利率（約六%），得出二六・八三的每股相對價值，換言之，如果用二六・八三美元買進一股，報酬率將等於政府公債。這檔股票在二〇〇〇年的最低曾來到十四美元，也是巴菲特的買進均價。

二〇〇〇年每股獲利為一・六一美元，如果用十四美元買進一股，則初期投資報酬率約一一・五%。過去十年來，該公司的每股盈餘以一四・一%的複利年成長率增加，那麼你願意買進價值十四美元、報酬固定為六%的政府債券，還是初期報酬率一一・五%、隨後以一四・一%成長的權益債券？

使用歷史資料來估計年複利報酬率

巴菲特知道，如果每股盈餘的年成長率維持在一四・一%，到二〇一〇年時，每股獲利將增加為六・〇二美元，如果拉茲男孩休閒躺椅公司在二〇一〇年的本益比為過去十年的平均值（十五倍），則市價將為九十・三美元。

如果在二〇〇〇年以十四美元買進一股，可預測十年後每股價值為九〇・三美元，約相當於二〇%的稅前年複利報酬率。

巴菲特將波克夏買進的拉茲男孩休閒躺椅公司視為權益債券，殖利率約一一．五%，且預估年息成長為一四．一%。他還認為，如果持股十年，預估稅前年複利報酬將在一二．三四%至二〇%之間，換言之，波克夏以十四美元買進的一股，十年內的每股稅前價值將在四四．八五到九〇．三美元之間。聽起來好像不可能，對吧？這麼想吧，二〇〇一年十二月，拉茲男孩休閒躺椅公司的每股市價二十二美元，相當持股一年半的報酬率為三五%。具備持久競爭優勢的公司經常會讓人喜出望外。

個案三：聯邦住宅抵押貸款公司（即「房地美」公司）

巴菲特對金融界的參與，引領他進入聯邦住宅抵押貸款公司。聯邦住宅抵押貸款公司為抵押貸款做擔保並將其證券化，當你從當地銀行借到一筆抵押貸款，銀行將貸款賣給聯邦住宅抵押貸款公司，該公司將貸款包裝（連同它買來的其他抵押貸款），變成一個抵押貸款的集合體。接著聯邦住宅抵押貸款公司將整個抵押貸款的利息賣給投資人，換言之，你繳交的房貸利息會跑到投資人手裡，華爾街將證券化的抵押貸款稱為「不動產抵押擔保債券」。

一九八八年，當聯邦住宅抵押貸款公司從原本為銀行擁有，變成一家上市公司時，波克夏透過子公司魏斯可金融公司（Wesco Financial），取得該公司四%的持股。一九九二年，聯邦住宅抵押貸款公司的股價接近天價，巴菲特以每股九．六七美元提高波克夏對聯邦住宅抵押貸款公司的持股，後來共付出三億三千七百萬美元，於是到一九九二年底，波克夏持股達九%。

第三個個案研究，我們將目標放在該公司於一九九二年的經營狀況，使巴菲特不得不提高他的持股部位。

打聽這家公司的口碑並不容易。雖然是家上市公司，但一般人在現實生活中不太可能和它有任何瓜葛。價值線等投資機構握有該公司的資料，你可以從這些地方取得。查商業期刊，或是打電話索取年報，就會有足夠資訊回答以下問題。

一、該公司銷售的是具備持久競爭優勢的品牌產品或服務，還是競價型的產品或服務？

雖然抵押貸款是一種商品化產品，聯邦住宅抵押貸款公司與另一家類似公司「美國聯邦國民抵押協會」（即「房利美」公司）其實都是由美國國會創造、經政府核可的實體，目的在幫助想購買房屋貸款的人籌措經費。房地美和房利美在市場上已經發展出「準壟斷」的態勢。

二、你了解產品或服務的運作方式嗎？

多數人了解何謂抵押貸款，也知道抵押貸款如何運作。聯邦住宅抵押貸款公司向銀行和抵押貸款公司買進許多抵押權，將這些抵押權綁在一塊兒，再將整批的利息收入賣給保險公司等金融機構，讓銀行和抵押公司繼續放款。

三、該公司對舉債持保守態度嗎？

不。然而它的債務被具有高度流動性的相關資產抵銷，也就是抵押權，但由於該公司具備「政府機關身分」而受惠，任何財務問題將立即引起美國國會關注，這個掌握全美納稅義務人的大財主，會在小兄弟有難時伸出援手。不過，假如抵押權當中發生相當多的倒帳，公司可就有麻煩了（編註：二〇〇八年九月因倒帳問題被美國政府接管）。

四、該公司獲利能力是否強勁，且是否呈現向上趨勢？

一九八六至九二年間，公司獲利以一七．六％成長率逐年攀高。獲利穩定且呈向上趨勢（見表19.7）。

表19.7

年度	每股盈餘（美元）
86	0.31
87	0.38
88	0.48
89	0.55
90	0.58
91	0.77
92	0.82

五、該公司只將資金配置到專長的業務領域嗎？

是的。不動產抵押擔保證券業。

六、該公司一直有股票買回的措施嗎？

沒有。也沒有發行新股（但該公司從一九九五年也開始買回股票）。

七、管理階層對保留盈餘的投資，提升了每股盈餘，進而為股東創造價值嗎？

從一九八六年底至一九九二年底之間，每股保留盈餘為二．七五美元，每股盈餘成長〇．五一美元。因此我們可以說，每股保留盈餘二．七五美元，在一九九二年為每股創造報酬〇．五一美元，相當於一八．五％的報酬率。

表19.8

年度	權益報酬率
86	25.9%
87	25.5%
88	24.1%
89	22.8%
90	19.4%
91	21.6%
92	17.4%

八、該公司的權益報酬率高於平均嗎？

過去三十年來，美國企業的平均權益報酬約一二％，該公司的權益報酬率如表19.8。

從一九八六年到九二年，公司的平均權益報酬為二二．三％，但更重要的在於其居高不下，表示管理階層在配置保留盈餘與擴充業務方面成效卓著。

九、該公司的總資本報酬率居高不下嗎？

聯邦住宅抵押貸款公司是金融公司，因此分析重點不是總資本報酬，而是總資產報酬，後者在巴菲特買進股票時平均值為一・三％。記住：金融機構的總資產報酬率高於一％即是我們想要的。

十、該公司能根據通貨膨脹自行調整定價嗎？

通貨膨脹會使房價上漲，從而提高抵押貸款的規模，而較高額的抵押貸款，意味著聯邦住宅抵押貸款公司分得較大塊餅，也就是較高的利潤。

如果公司籌措了一億美元抵押貸款收費六％，等於是賺得六百萬美元，而一旦價格加倍，從一億美元變為兩億美元，在費率仍為六％的情況下，獲利成為一千兩百萬美元。數字愈高，該公司便賺得愈多。

十一、是否需要大額資本支出，好讓公司的廠房設備跟得上時代？

聯邦住宅抵押貸款公司將抵押權集合起來並證券化，無需投入大量資本購置設備或從事研發。只要略事擴充便可隨心所欲地擴大營運，不用以大額資本支出更新廠房設備。

表19.9

年度	預計獲利（美元／股）	預計股利（美元／股）
93	0.96	0.27
94	1.13	0.31
95	1.33	0.37
96	1.56	0.43
97	1.84	0.51
98	2.16	0.60
99	2.55	0.71
00	2.99	0.83
01	3.52	0.98
02	4.14	1.16
合計		6.17

和政府公債的價值比較

一九九二年，聯邦住宅抵押貸款公司公布的每股獲利為〇・八二美元，將〇・八二除以一九九二年政府公債長期利率（七・三九％），得出每股相對價值為十一・〇九美元，換言之，若用十一・〇九美元買進一股，報酬會等於政府公債。一九九二年的每股股價介於八・四五至十二・三二美元之間，如果買進成本和巴菲特一樣為九・六七美元，初期報酬會是八・五％。

過去七年來，聯邦住宅抵押貸款公司的每股盈餘年成長率為一七・六％，你願意用一一・〇九美元買進報酬固定為七・三九％的政府公債，還是買進該公司的權益債券，賺取八・五％的初期報酬，而且預計年息將以一七・六％逐年成長？

使用歷史資料來估計年複利報酬率

如果每股盈餘繼續以每年一七・六％成長，且若美國聯邦住宅抵押貸款公司繼續將獲利

表19.10

年度	預計獲利（美元／股）	真實獲利（美元／股）	失誤率（%）
93	0.96	1.02	+6.2
94	1.13	1.27	+12.3
95	1.33	1.42	+6.7
96	1.56	1.65	+5.7
97	1.84	1.90	+3.2
98	2.16	2.13	-1.3
99	2.55	2.96	+16.0
00	2.99	3.39	+13.3

的二八%作為股利發放，則未來十年每股盈餘和股利發放將如上頁表19.9。

換言之，巴菲特可以預估該公司二〇〇二年的每股盈餘將為四・一四美元，假設本益比為有史以來最低點（九倍），則二〇〇二年的每股市價將是三十七・二六美元，如果本益比為有史以來最高的十二・八倍，則每股市價會是五十二・九九美元。

如果在一九九二年以每股九・六七美元買進，十年內的價值會介於三十七・二六到五十二・九九美元之間，稅前年複利報酬將在一四・四%到一八・五%之間。

如果把每股共發放的六・一七美元股利加上去，預估稅前報酬將提高至四十三・四三至五十九・一六美元之間，相當於稅前年複利報酬在一六・二%到一九・八%之間。

一九九二年，巴菲特以每股九・六七美元買進美國聯邦住宅抵押貸款公司的股票，投資總金額三億三千七百萬美元。巴菲特將這筆投資視為買進初期報酬率八・五%、其後以一七・六%年成長率增加的權益債券。他也發現如果持股十年，稅前年複利報酬將在一六．二%至二一．八五%間。

巴菲特的預測有多準？

請看表19.10。記住：我們是在做長期獲利預測，這對華爾街是聞所未聞的。

表面看來，我們的預估似過於保守，過去八年中，有七年的實際結果超過預期，但這是可接受的。二〇〇〇年，聯邦住宅抵押貸款公司的每股價位在三十七到六十六美元之間，巴菲特在二〇〇〇年將股票出脫，若以他在一九九二年以每股九．六七美元買進，則不含股利的稅前年複利報酬率將在一八%到二七%之間。巴菲特說，該公司的業務模式已經改變，使他對風險水準不再放心，如此高槓桿的公司一旦出紕漏，可能一夜之間就豬羊變色。長期而言，注重安全才是最有利的，巴菲特說「不虧錢」是致富並保有財富的第一條規則，而第二條規則是「銘記第一條規則」。

20 投資前的巴菲特邏輯測驗

此時你應該準備像巴菲特一樣思考。

在你將網路或價值線上蒐集到的財務資訊整理後，我們建議你回答下列問題，它們將帶領你走一遍巴菲特的思考過程。

你要回答的問題如下：

一、這家公司具備可辨識的持久競爭優勢嗎？

如果答案是肯定的，盡量以簡單方式描述，假裝自己是個七歲小孩，用最簡單的語言去形容這家公司。巴菲特喜歡凡事簡單，如果你無法解釋給孩子聽，那麼持久競爭優勢恐怕不存在。如果找不出一項持久競爭優勢，先按兵不動，直到找到為止。守株待兔永遠不會困擾巴菲特。

解釋持久競爭優勢：＿＿＿＿＿＿

二、你了解產品的運作模式嗎？

巴菲特認為，如果不了解產品運作模式，將無法判斷它有多大機率會過時。對巴菲特而言，產品過時並非沒來由的恐懼，而是害怕有理。巴菲特確保自己絕不成為產品過時的犧牲者，因此會充分了解投資標的的商業本質，如果你不知如何解釋產品運作模式，另外找個你會解釋的事業來投資。

解釋產品的運作模式：＿＿＿＿＿＿＿＿

三、假如公司真的具備持久競爭優勢，你也了解如何運作，則產品在未來二十年內過時的可能性為何？

巴菲特常問自己，二十年後的人，還很有可能使用這項產品嗎？如果答案為「是」則繼續分析，反之則停下來，看場電影，明天一大早再開始。

解釋產品不會在二十年內過時的理由：＿＿＿＿＿＿＿＿

四、這家公司只將資金配置到它專精的領域嗎？

尋找一家專精本業的企業。如果是一家如奇異電子般的企業集團，你必須了解它旗下事業是否具備持久競爭優勢，或者已經過多元化，成為由一群較弱的競價企業所組成的集團。如果公司看似偉大，或是由多家好公司集合而成，那麼就端一杯你最喜歡的飲料，定下心來分析一番。

假如這家公司是企業集團，列出它旗下哪些事業有持久競爭優勢、哪些屬競價型，了解管理者的未來走向。管理階層會收購更多具有持久競爭優勢的優秀企業，或只是盯緊競價的大宗物資型企業？

每股盈餘	
基年	現值
基年+1	
+2	
+3	
+4	
+5	
+6	
+7	
+8	
+9	
+10	未來值

方法：使用商用計算機，將基年的每股盈餘當作現值（PV），第十年的每股盈餘作為未來值（FV），期數（N）為10，按下計算鍵（CPT）再按利率（％i），便得出每股盈餘的年複合成長率。

五、公司歷年每股盈餘為何？成長率為何？

若每股盈餘居高不下，繼續分析。

	年度	總資本報酬
1		
2		
3		
4		
5		
6		
7		
8		
9		
10		
	平均總資本報酬：	
方法：將過去十年的總資本報酬相加再除以十。		

	年度	權益報酬
1		
2		
3		
4		
5		
6		
7		
8		
9		
10		
	平均權益報酬：	
方法：將過去十年的權益報酬相加再除以十。		

如果有一、兩年較弱，則須釐清這是偶發事件，或即將成為常態，若為偶發事件則繼續（記住：偶發且可解決的問題，往往是千載難逢的賺錢機會）。如果獲利轉弱或忽高忽低，停止分析並休生養息，直到市場先生把更好的給你。

如果獲利顯然持續強勁，你應該蒐集公司過去十年來的每股盈餘，並用商務計算機算出那段期間的年複利成長率。

六、公司的權益報酬居高不下嗎？

權益報酬不高的企業，成長速度將無法使投資人致富。

若想晉身富翁之林，你需要一艘快速且馬力十足的船，也就是說，權益報酬必須不低於一五％。

如果看似不錯的公司其實權益報酬不高，

你應該將筆放下，到外面散個步，反之則蒐集過去十年來的權益報酬數字，計算平均值。

七、該公司的總資本報酬高嗎？

這問題的目的，是回應以上探討的權益報酬。除非管理階層能夠使資本報酬居高不下，否則公司便不值得進一步探究。

公司總資本報酬率十年來分別是＿＿＿＿＿＿＿＿＿＿

八、該公司對舉債持保守態度嗎？

擺脫事業困境需要很多財力。有持久競爭優勢的公司，為股東創造鉅額財富，以致無需舉借長期負債，或長期負債近乎零。一般使用的負債對權益比，不足以反映企業的財務實力，原因是股東權益極少用來償還債務。獲利能力是衡量公司能否按期還款與清償債務的唯一依據，你必須問的是，從目前淨利觀之，要多少年才能清償當年帳上的長期債務？

把當年的長期債務除以當年度淨利，就等於長期債務的還款年數。如果長期債務為當年淨利的五倍以上，請務必小心。債務會害死一家公司。

該公司當年長期債務為＿＿＿＿＿＿＿＿＿＿

該公司當年淨利為＿＿＿＿＿＿＿＿＿＿

九、該公司有積極買回自家股票嗎？

巴菲特偏好以股票買回提高持股比例，又無需自掏腰包。

將十年前的流通在外股數，減去當年度流通在外股數，即等於公司在過去十年來買回的股數。如果得出負數即代表公司增加發行的股數，巴菲特要的是流通在外股數減少。

十、該公司能根據通貨膨脹自行調整定價嗎？

回答這個有趣問題前，要先做點功課。假如產品售價與二十年前相同，你所面對的很可能是一家大宗商品型企業，應該將它略過。假如二十年來產品售價平均至少上漲四％，你可以推論這類企業能隨通貨膨脹調漲價格。

使用商用計算機計算這家企業隨通貨膨脹調漲價格的能力。以二十年前的產品價格為現值（PV），目前價格為未來值（FV），二〇為期數（N），按計算鍵（CPT）再按利率（%i），即可算出產品價格的年複利成長率。

產品售價的年成長率為______（注意：如果結果是負成長，表示投資標的可能為競價型企業，因此你應該略過）。

十一、是否需要大額資本支出，好讓公司的廠房設備跟得上時代？

回答問題前，必須對公司多方了解才行。它製造車子還是設計軟體？它是否要下重金購買龐大噴射機，或者不斷地汰換生產設備，以免產品過時？如果答案為「是」，你最好小心一點。

十二、該公司的股價正受到市場恐慌、商業不景氣或是可解決的個別不幸事件所苦嗎？

如先前討論的，以上狀況通常帶來最好的股價。若無法趁這些事件發生時買進，你的買價恐怕沒占到任何便宜。若想致富，就要懂得運用利空和股市的短視獲利。

十三、該投資標的的初期投資報酬率為多少？與美國公債報酬相比結果如何？

將目前每股盈餘除以目前股價，答案是初期投資報酬率。將初期投資報酬率與每股盈餘的預計成長率，與公債報酬相比，如果公債獲利較高，代表股價可能被高估。

初期投資報酬率：______

每股盈餘成長率：______

公債報酬率：＿＿＿＿

十四、該公司權益債券的年複利報酬、未來股價為多少？

將過去十年每股平均權益報酬率＿＿＿＿，減公司未保留且以股利發放的盈餘百分比。結果是公司帳面價值的成長率＿＿＿＿

以當年的帳面價值＿＿＿＿為現值（PV），以帳面價值的成長率為利率（%i），以十為預估年數（N），然後按CPT鍵再按未來值鍵（FV），則該公司十年後的每股帳面價值為＿＿＿＿

決定十年後的股價，以該公司未來每股帳面價值＿＿＿＿，乘以平均權益報酬率＿＿＿＿，即得出公司預估的每股獲利＿＿＿＿，將預估每股獲利＿＿＿＿乘以過去十年來的平均本益比，就得出公司未來每股股價＿＿＿＿

以目前市價作為現值（PV）＿＿＿＿，預估的未來股價為未來值（FV）＿＿＿＿，兩者間隔年數為期數（N）＿＿＿＿，按CPT再按%i，就算出投資標的的預計年複合報酬率為＿＿＿＿

過去十年來帳面價值的平均年成長率為＿＿＿＿

股利發放的平均百分比為＿＿＿＿

公司當年帳面價值為＿＿＿

公司平均本益比為＿＿＿

未來十年的預計帳面價值成長率為＿＿＿

預計公司未來股價為＿＿＿

公司目前股價為＿＿＿

買了嗎？

買與不買永遠都是問題。如果投資標的具備持久競爭優勢，而且能以符合商業利益的價格買到，你就該當仁不讓。

但如果發現公司雖具備持久競爭優勢但股價過高，你該等待股市修正、產業不景氣或企業發生不幸事件，以營造更有利的進場時機。如果公司不具持久競爭優勢，將它拋諸腦後，花點時間散散步，再回來繼續挖寶。

再給一句忠告：巴菲特曾說「稍安勿躁」是全世界最難辦到的一件事，千萬別倉促行事！我們正在尋找鑽石，完美狀況可不會在一夕之間發生。到時，你會發現一家具備持久競爭優勢的公司剛好到達理想價位，為你提供致富機會。

初版推薦文

向永遠的價值投資守護神巴菲特致敬

謝金河（財信傳媒集團董事長）

還記得二〇〇三年前半年，SARS疫情延燒、北京SARS病例及死亡人數仍不停向上竄升之際，價值投資大師巴菲特卻再度拿出他反市場操作的拿手絕活，大力敲進在香港掛牌的代號〇八五七的中國石油天然氣公司股票。一向堅持價值投資、重視公司治理的巴菲特，為什麼看中了透明度不高、也談不上公司治理的中國國企股？

當時早在北京當局正式召開記者會公開SARS疫情之前，巴菲特即透過旗下的波克夏不斷買進中國石油的股票，從二〇〇三年四月九日首度買下九千零五十萬股，十一日再敲進八千五百四十萬股，十五日再買進三千餘萬股，到了十七日一口氣敲進一．七六六億股，連續四次買進，總股數達三．八三億股。此後在四月二十日中國官方公布疫情，巴菲特又在二十二、二十三及二十四日三次大加碼，共敲進五．三〇六億股，總計七次買進中國石油股份達九．一三億股，占中國石油總發行股數的五．二％，也占H股總發行股數的一三．三五％。

試探投資不代表全盤西進

巴菲特大力買進中國石油使得股價一下子推升至二・四二五億元，而且由於巴菲特帶頭示範，香港外資機構猛然一想到以人民幣資產計價的國企股長期投資價值，在巴菲特買進中國石油之前，國企股指數只有二〇一六點，沒想到在短短三個月之內，國企股指數漲到三二〇一點，漲幅遠超過恆生指數。

二〇〇二年十二月，中國政府引進類似台灣的「境外合格機構投資者」（QFII）制度，開放外資投資A股，不過由於中國企業營運管理透明度不高，再加上中國法規仍待修改，海外投資人對中國股市垂青的並不多，這次巴菲特大力買進中國石油的股票顯然受到高度注意。股神不鳴則已，這次前進中國，果真是一鳴驚人。在參加內布拉斯加州奧瑪哈一年一度的股東大會盛會上，一萬五千多名來自全球各地的股東特別關切地向他詢問他的投資策略是否已經改變？

二〇〇三年三月四日，巴菲特在致股東的信函中提及美國股市經過三年熊市是否可以買？他在信中明確指出：「除非目標股票可帶來一〇%的稅前回報，否則仍將按兵不動」，認為美股在大泡沫時期嚴重高估，如今股價雖已大幅滑落，但是具投資價值的卻很少，寧可繼續保持觀望。他也特別對衍生性金融商品的交易風險提出嚴重警告，巴菲特還特別將這類商品比喻成金融市場的不定時炸彈與毀滅性武器，認為這些衍生性金融商品容易造假，風險難測且易滋生系統性災難。

巴菲特感嘆美股太貴，找不到股票可以買，不過從這封致股東信函發出後短短兩個月，道瓊指數已漲到九千三百五十點以上，這次巴菲特奮力買進中國石油，更多股東關切他的投資策略是否已經改變？巴菲特在股東大會上明確表示，他買進中國石油的股票，並不代表他的投資策略轉變，他比較了解美國資產風險，所以投資重心仍會放在美國資產上面，巴菲特說他常聽到且適合投資的對象都是美國公司，並非美國以外的公司。

不過，他有興趣投資亞洲的企業，只是物美價廉的公司難找，巴菲特在批評美國股票昂貴的同時，卻大力買進中國石油天然氣的股票，巴菲特會不會「錢進中國績優股」？自然備受關注。

避免錯誤、面對失敗

因為巴菲特一生的投資哲學第一信條就是追求簡單，避免複雜。巴菲特挑中的公司都是與日常生活息息相關的公司，只要人類社會繼續存在，這些體質好的生活型股票，永遠都可賺取現金，累積保留盈餘和股東權益。到二〇〇三年為止，巴菲特的核心持股只有七檔，分別是吉利（刮鬍刀）、可口可樂、美國運通、H&R金融公司、穆迪信用評等公司、富國銀行及著名的《華盛頓郵報》，這些公司一旦列入巴菲特的投資組合就很少更動。

例如，一九七二年道瓊指數跌到九百點左右，黃金每盎斯跌破一百美元大關，美國聯準會將利率提高到六％，在華爾街人心惶惶的時候，巴菲特開始買進《華盛頓郵報》，七三年大力加碼，成為《華盛頓郵報》大股東，如今已歷時三十年。巴菲特將《華盛頓郵報》列為永久持股，同時還特別強調：「不管市場如何高估他們的價值，我都不會賣出」。

這回中國石油會不會成為巴菲特核心持股的一員格外受到矚目。尤其是在SARS風暴蔓延下，他的前進中國戰略，巴菲特在股東大會上說他的投資以美國資產為主，從巴菲特的投資戰史來看，一九六二年他買下波克夏哈薩威開始大舉投資股票以來，他很少進軍美國以外的股票。九〇年代他曾買下健力士（Guinness）這家公司股票，最後卻黯然出場，這是他頭一次進軍美國市場以外的股票，健力士是愛爾蘭生產的一種黑啤酒，後來因經營不善，使巴菲特鎩羽而歸。

巴菲特的投資神準，很多人都以為他有點石成金的能力。然而精明的巴菲特也會犯錯，例如，九〇年代，美國科技股創造十倍速股價大漲的年代，巴菲特堅持他不懂科技股而不投資，使波克夏的績效一直達不到S＆P的漲幅，巴菲特堅忍十年，一直到二〇〇〇年科技泡沫吹破，他才受到投資大眾的肯定。

其次是九一一恐怖攻擊後暴露了波克夏子公司通用保險的承保問題，巴菲特提列了二十三億美元的「預期」負債，作為未來理賠之用，然而這家公司並未能持續將數種或有負債的成本充分反映到保費上。還有巴菲特投資所羅門兄弟投資銀行，不久卻因為不肖員工偽稱購買美國國庫券而險些倒閉。八〇年代中期，巴菲特將他的投資組合鎖定在幾檔可能會因為通貨膨脹而獲利的公司，他預料全球將發生大通膨，不過通貨膨脹始終沒有發生。這次的投資布局也沒有使他得利，不過巴菲特懂得從錯誤中學習。

巴菲特在資金配置的投資三原則中特別強調：一要接受錯誤的發生；二要坦承錯誤，並勇於面對；三從錯誤中學習，積極過日子。巴菲特也在不斷從錯誤中學習而練就超凡的身手。每一年的波克夏股東大會，巴菲特都會大師開講，為小股東指點迷津，有一年他給股東的勸告是，絕對不要投資財報讓人看不懂的企業。巴菲特說：「如果我看不懂某家企業的財報，就表示該企業的管理階層不希望我看懂，如果管理階層不希望我看懂，那其中就可能有什麼不對勁。」

股東會上字字珠璣

台灣的企業在一九九七、九八年中的倒閉風潮，就有不少公司是大股東作假帳闖的禍。即使到現在，有些公司利用關係人交易，隱匿存貨，應收帳款，或利用海外子公司塞貨；或者是透過英屬維爾京群島等避稅區在海外廣設子公司，像太電在二〇〇二年第四季攤掉美國子公司等二一四億元的巨額虧損，等到小股東夢醒，太電已打入全額交割了。

二〇〇二年間，七十二歲的巴菲特還特別炮轟那些貪婪無度、弄虛作假的上市公司CEO（執行長）。巴菲特批評不少公司的董監事表現就像玩具狗與殭屍，使董事會失去獨立性，無法保障股東權益。在安隆案爆發後，巴菲特特別重視公司治理的問題，包括員工分紅配股、選擇權等問題，這些也成為台灣股市投資人討論的熱門話題。

每一年的波克夏股東大會，巴菲特都會留下不少智慧談話，從二〇〇一年以來，他在股東大會上的致詞，最值得讀者品味的包括：

一、買一家公司的股票，必須就像是買下一整間公司一樣。

二、我們不會理會政治及經濟的預測報告，如果我們因為某些未知的事件而心生恐懼，延後或改變我們資金運用的方式，我們付出的成本會有多高？事實上，我們所做的最好投資，往往是大眾對總體經濟事件的憂慮達到顛峰時，恐懼是追求時尚者的敵人，卻是基本分析的朋友（SARS疫情蔓延，左右了我們的投資判斷，此時巴菲特大力買進中國石油股份，已做了最好詮釋）。

三、假如你不打算持有一檔股票十年之久，那麼十分鐘也不要持有。

四、一家公司的股票在今天、明天或下星期賣多少錢並不重要，重要的是這家公司在未來五年或十年的表現如何。

五、想要一輩子都能投資成功，並不需要天才的智商、非凡的商業眼光或內幕情報；真正需要的是有健全的知識架構供你做決策，同時要有避免讓你的情緒破壞這個架構的能力。

六、準備是最重要的，諾亞不是下雨之後才造方舟的。

七、對投資者而言，最重要的不是他們懂多少，而是如何明確定義他們所不懂的。

八、機構投資者挾其豐富的投資專業人士，可能讓人以為他們是金融市場上一股穩定力量。錯了！被機構投資者大量持有且經常進出的股票，價值往往受到嚴重扭曲。

九、依我看，投資成功絕非有不可告人的祕訣，也不是因為有電腦程式會根據股票和市場的價格走勢作研判，成功的投資人必須具備精準的商業判斷，不跟著市場隨波逐流，使自己的思想和行為受到這股高感染力的情緒影響。

十、被網路公司引誘的投資者就像參加舞會的灰姑娘一樣，沒有在舞會的限期之前離開，結果漂亮的馬車又變回南瓜。不過最大的問題在於這次舞會的時鐘並沒有指針。

目前有關巴菲特先生的書，包括傳記及投資智略，可說是汗牛充棟，不過這次遠流出版的《和巴菲特同步買進》一書，是由曾為巴菲特媳婦的瑪麗．巴菲特及與巴菲特一家人有三十多年交情的大衛．克拉克兩人合作撰寫。是貼近巴菲特、親身觀察大師投資心法的著作，值得大家細細品味。

（本文部分內容摘錄自《今週刊》第三三三期〈老謝開講〉專欄）

國家圖書館出版品預行編目（CIP）資料

和巴菲特同步買進：震盪市場中的穩當投資策略 / 瑪麗．巴菲特,
大衛．克拉克（Mary Buffett & David Clark）著；陳正芬譯. -- 三版. -- 台北市：遠流, 2020.04
面；　公分
譯　自：The New Buffettology:the proven techniques for investing successfully in changing markets that have made Warren Buffett the world's most famous investor
ISBN 978-957-32-8740-7（平裝）

1.投資

563.5　　109002606

和巴菲特同步買進

震盪市場中的穩當投資策略

作　　者──瑪麗．巴菲特、大衛．克拉克（Mary Buffett & David Clark）
譯　　者──陳正芬

責任編輯──陳嬿守
副 主 編──陳懿文
校　　對──呂佳眞
封面設計──賴維明
行銷企劃──舒意雯
出版一部總編輯暨總監──王明雪

發 行 人──王榮文
出版發行──遠流出版事業股份有限公司
104005 台北市中山北路一段 11 號 13 樓
電話：(02)2571-0297　傳眞：(02)2571-0197　郵撥：0189456-1
著作權顧問──蕭雄淋律師

2003 年 09 月 01 日初版一刷
2012 年 03 月 01 日二版一刷
2022 年 03 月 05 日三版二刷

定價／新台幣 350 元（缺頁或破損的書，請寄回更換）

ISBN　978-957-32-8740-7

遠流博識網 http://www.ylib.com　E-mail:ylib@ylib.com
遠流粉絲團 https://www.facebook.com/ylibfans